その情報はどこから?

ネット時代の情報選別力

猪谷千香 Igaya Chika

★——ちくまプリマー新書

320

目次 * Contents

第一章　ニュースの源流をたどって

1　私たちは知らないうちに溺れている

二〇一八年一二月六日の午後、突然、スマホがつながらなくなりました。会社で仕事をしていた時で、周囲の同僚がざわつき始め、あわててパソコンからTwitterを見ると、「ソフトバンクがつながらない」と大勢の人たちがツイート、ネットは大騒ぎになっていました。

一、二時間経ってから、メディアがネットでソフトバンクで大規模障害が起こり、携帯電話サービスが使えなくなっていると伝え始めました。その通信障害は全国規模に広がり、結局、四時間半も続きました。

この通信障害は、多くの人に影響しました。あるTwitterユーザーは、自動車で仕事に出かけ、寄り道してカフェでランチを楽しみ、出ようとした時に財布を忘れたことに気づきました。カフェの店員さんにはお金を取ってきますと約束したものの、財布がないので駐車料金が払えません。仕方なく、近くの知り合いに連絡してお金を借りようとしたところ、スマホを見たら、あの通信障害が起きていました。

そのユーザーは、スマホで電子決済サービスを利用していましたが、現金でしか駐車料金は支払うことができません。スマホにSuicaも入っていましたが、公共交通機関を使って自宅まで戻ると時間がかかり、次の予定に間に合いそうにありません。そして、待ち合わせている相手にもトラブルになっていることを電話できず、何か手段はないか調べようにも通信障害でネットが遮断されているために何もわからない状態でした。

すべてが詰んだユーザーが知恵を絞って選んだ解決策は、近くのコンビニに行って、かろうじて使えた電子決済で単行本を買い、それをそのままリサイクルショップに売りに行き、現金を手に入れたそうです。おかげで、駐車料金とランチ代を払えて次の予定には間に合ったとのことですが、ご本人にとっては大変なトラブルだったと思います。

私自身、通信障害が起きている間、スマホのメッセンジャーやLINEが利用できず、家族との連絡が取れずに少し、不安を覚えました。たまたま、机に座ってパソコンでネットが使えたために実際には困ったことは起きませんでしたが、これがもしも、あのTwitterユーザーのように外出先だったら……と想像すると、手の中にある小さな端末がもたらす情報を私たちがどれだけ頼りにしているか、痛感させられました。電気や水道、ガスのように、目に見えてわかりやすいインフラではありませんが、高度な情報インフラの上に私たちの生活は成立していることをあらためて思わされたのです。

私たちは今、パソコンやスマホ、タブレットといった端末で、いつでもネットにアクセスしています。朝は支度をしながらYouTubeで動画を見て、ニュースアプリで最新のニュースと天気予報を読む。通勤電車では、Instagramでフォローしているおしゃれなユーザーが薦めるファッションにいいねを押し、Amazonで本や日用品を買い物する。昼間にLINEで家族や友人とやりとりし、TwitterやFacebookでは何か面白い情報、興味のあるニュースは流れていないかチェックする。寝ている時間以外、起きて意識があれば、私たちはいつも画面からネットにダイブして、情報の海を泳いでいるのです。

しかし、私たちは、本当に泳げているのでしょうか？

私は普段、インターネットのニュースサイトで、記者として記事を書いています。仕事柄、毎日大量に流れてくる情報や、それについてのＳＮＳの反応をそれこそ浴びるように見る必要があります。メディアが発信した記事に限っても、一日数十本は記事の見出しにざっと目を通していると思います。

ネットで何が話題になっているか、これから何が問題になりそうか、常に目を光らせていますが、中にはデマだったり、不確かだったりと、情報の「質」が悪いものも少なくありません。できるだけ早く、確度の高い情報を求めることが、仕事の成否を握っているといっても過言ではありません。

これは、何もニュースサイトの記者だけではないでしょう。災害が起きた際に混乱に乗じて必ず流れるデマ、選挙の時に対立する政党や候補者を貶《おとし》め、自分たちの票を伸ばそうとするフェイクニュース、何ら根拠のない迷信めいたニセ科学、マスコミが報じない芸能人の黒い噂《うわさ》。残念なことですが、人の好奇心につけこみ、溺れさせ、私たちの考えを捻じ曲げるような悪質な情報も、この海にはたくさんあります。しかも、かなりの量です。これらの情報も自然と湧いて出てくるわけではありません。

たとえば、世界中で問題となっているのが、GAFAです。Google、Amazon、Facebook、Appleの四社の頭文字をとって、そう呼ばれています。言わずと知れた、世界中で情報インフラの大きなシェアを占めているアメリカ資本のネット企業です。

世界では膨大な量の情報がGAFAのインフラ上でやりとりされています。確かに四社のサービスはとても便利です。私もよく使っています。しかし、アメリカの民間企業に過ぎない四社に、自分の生年月日、住所、家族構成といった基本的な個人情報から、どんな音楽が好きか、どの政党を支持しているか、子どもやペットの名前まで知られていることを、快く思わない人たちも少なくありません。

こうしたサービスを使うなとは言いませんが、何も知らないまま使用することも危険です。私たちは、日々、空気のように周りを囲んでいる情報群によって、知らず知らずのうちに行動や考え、ひいては自分の人生を決められているかもしれない。そんなことに意識を向けて考えてみることが、この海を泳ぐためのヒントになるかもしれません。

その最初の一歩として、私たちは情報の海に溺れないためには、その情報がどこから来て、どんな目的を持って、どこへ流れていくのかを知ることがとても大事です。

この本では、そうした情報の海で溺れないための方法をご紹介できればと思っています。正直に言うと、これが正解なのか、私もいまだにわかりません。ただ、これまでの経験が、みなさんのお役に立つような気もしています。

まず知ってほしい、そして忘れてはいけない事件

ある日、突然、身に覚えのない殺人事件の犯人だと言われ、大勢の人たちから責められるようになったとしたら、あなたはどう感じるでしょうか？

その過酷さは、私たちの想像を絶しています。ネットの掲示板にそうした根も葉もな

い噂を事実のように書かれるだけでなく、「凸」（突撃という意味のネットスラング）と称して職場や学校にまで苦情のメールや電話が大量に寄せられます。周囲にいる親しい人や同僚からも誤解を招くかもしれません。

しかも、いくら否定しても「やっていない証拠を出せ」「火のない所には煙は立たない」と反論されたとしたら。相手は、ネット上で匿名という名前も顔も明らかにしていない立場で、誹謗《ひぼう》中傷を繰り返してきます。どうやったら彼らを止められるのか。途方にくれることでしょう。

実際に、そうした過酷な経験をした人がいます。お笑いタレントのスマイリーキクチさんです。キクチさんはある日、突然、ネット上で殺人犯であると言われるようになりました。もちろん、根も葉もないデマです。

キクチさんがデマで犯人とされたのは一九八八年、一人の女子高生が少年グループに拉致され、四〇日以上も監禁される中、凄まじい暴行を受けて殺害された事件でした。その犯行の残虐さは、三〇年前の当時、世間を震撼《しんかん》させました。この事件の舞台が、キクチさんの出身地である東京都足立区だったことや、少年グループと同世代だったことぐらいしか、事件との共通点はないにもかかわらず、なぜかネットの巨大掲示板「2ちゃんねる」で、犯人であるとの噂が流れ始めました。

キクチさんの著書『突然、僕は殺人犯にされた——ネット中傷被害を受けた一〇年間』（竹書房文庫）によると、最初にキクチさんが知ったのは、一九九九年でした。「2ちゃんねる」だけでなく、キクチさんの事務所のホームページに設置されている掲示板にも、誹謗中傷は書かれていました。

すぐに事務所のホームページで否定をして、これで「バカげた噂話は、すぐに終わるだろうと考えていた」そうです。ところが、以後、一〇年にわたってこのデマはキクチさんを苦しめることになります。ネットの書き込みは激化して、脅迫まがいの投稿も増え、やがてスマイリーキクチさんの仕事にも影響、殺害予告までされるようになりました。

キクチさんは自分の言葉で発信すれば、デマはなくなるのではと考え、二〇〇八年一月にブログを開設しました。しかし、それでも誹謗中傷は止まず、同年八月にキクチさんは誹謗中傷をする人を刑事告訴すると警告。警察が実際に動き始めました。

そしてついに九月、キクチさんを誹謗中傷していた人物の一人を警察が特定しました。大阪府の男性で、キクチさんがまったく知らない人でした。そのうち二人目も判明します。その人は埼玉県の男性で、やはり、キクチさんとは何の関わりもない人でした。

警察から犯罪行為を指摘された埼玉県の男性は、「二度としません」と反省した態度をとっていましたが、その数時間後にこの男性は「2ちゃんねる」に再び、キクチさんを逆恨みした投稿をしていました。

これを重く見た警察は、捜査方針を転換します。ネットでの誹謗中傷が深刻であることに、警察も気づきました。結局、警察は二〇〇八年から二〇〇九年にかけて一九人を名誉毀損や脅迫の容疑で摘発することになります。誰一人、キクチさんと面識はなく、ほとんどがネットのデマを信じて誹謗中傷をしていたそうです。

摘発された中には、キクチさんが女子高生殺害事件をネタにしたことが許せなかった、と話す人もいましたが、警察がそのネタを見たのかと確認すると「ネットに書いてあった」と答えたそうです。当然、そんなことをキクチさんはしていません。ネットのデマ情報を信じて、自ら犯罪行為をしてしまったのです。

このキクチさんの事件は、日本のネット史上に残る事件になりました（もっと詳しく知りたい場合は、キクチさんのご著書を読んでいただきたいと思います）。キクチさんは、本の中でこんなことを書いています。

「中傷や脅迫を執拗《しつよう》に繰り返した集団は「情報の仕分け」「考える力」「情報発信者を疑う能力」、この三つが欠如しているように感じる。」

壮絶な経験からの言葉です。これら三つが欠如していれば誰もが加害者になりえます。ネットの情報の海には、そんな危険も潜んでいることを絶対に忘れてはならないのです。

しかし近年、デマを信じた人たちによる殺人事件が実際に起きてしまいました。二〇一八年八月、メキシコの小さな町アカトランで、農民の男性と甥《おい》の男性、二人が臓器販売目的の児童人身売買をしているという噂をWhatsApp（Facebook傘下の企業が提供するLINEのようなサービス）というメッセージアプリで流され、信じ込んだ群衆が暴行。最後は焼かれて殺害されてしまったのです。

根も葉もない噂でした。二人を殺した群衆は、携帯電話で二人を殺害する様子を撮影していたそうです。その動画もネットにアップされました。動画は甥の男性の母親にも、Facebookのライブ配信で届きました。

BBCの報道によると、母親は「どうかその人たちを殺さないで。子どもを誘拐したりなどいない」とライブ配信にコメントを書きましたが、誰も聞きませんでした。家族をネットに殺され、自分もネットでそれを知る。どれだけの苦痛だったか、計り知れません。

同様のことは、メキシコだけでなく、他の国でも起きています。インドやミャンマー、スリランカなどで、WhatsAppやFacebookで流れてきたデマを信じた人たちが、罪のない人を暴行する事件が相次いでいます。インドでは二〇一八年に入ってから、殺人事件に発展してしまったものが何件も報じられ、インド政府は同年七月にWhatsAppに対して、誤った情報の防止措置を求めました。

「海外の話だから関係ない」と思われるかもしれませんが、スマイリーキクチさんも、誹謗中傷によって警察に摘発された人たちが、自分を逆恨みするのではないかと不安になったといいます。実際、警察は自宅付近の警戒を強化したそうです。

恐ろしいのは、スマイリーキクチさんの事件にしても、各国で起きている暴行事件にしても、デマ情報や誤った情報に出会ってしまった人たちが犯行に走ったということです。その中には、そんな情報に出会わなければ、何も起こさずに暮らしていた人たちも少なくないと思います。

私が先ほど、「日々、空気のように周りを囲んでいる情報群によって、知らず知らずのうちに行動や考え、ひいては自分の人生を決められているかもしれない」と書いたのは、そういう恐ろしい事件が現在もきっとどこかで起きているからです。

私たちを取り巻く情報はどのようにあるのか、では、そうした中からどのように自律的に主体的に情報を得ることができるのか、そうしたお話をしたいと思います。情報の海へ、出発です。

2 「複雑化」を超え、「液状化」する情報とメディア

私たちが泳ごうとしてる情報の海はどのようなものなのでしょうか。

インターネットが登場し、SNSが私たちのコミュニケーションのインフラとなり、スマートフォンでどこからでも簡単に情報を送受信できる今、情報の流れてくる経路は複雑化しています。新聞社とニュースメディアで合わせて記者歴二〇年となる私でも、これは本当の情報なのか、どこから来たのか、悩むことは毎日のようにあります。合成された画像や巧妙に書かれたデマにうっかりだまされかけたことも、一度や二度ではありません。

複雑化なんて表現では生ぬるい。情報とメディアは液状化を起こしているといっても、言い過ぎではないと思います。だからこそ、信頼性の高い情報を得ることが今後、ますます大事になってくるでしょう。

この本では、今、液状化しながら私たちを取り巻いている情報を解きほぐし、どのよ

うに振る舞うことが望ましいのか、考えていきたいと思います。それは、「その情報はどこから？」。その疑問を持つことから、始まります。

かつて、情報が私たちに届く経路はとても単純でした。大きな流れの一つが、新聞、テレビ、雑誌、ラジオという四大メディアでした。これらのメディア、今ではマスメディアとか、新興のネットメディアとの区別から、既存メディアとか言われますが、日々のニュースはここから流れてきていました。

例えば、新聞はどのようにニュースを作り、流してきたのでしょうか。

私が育った家には毎朝、新聞が届いていました。ポストまで新聞を取りに行くのが子どもである私の役目で、食卓で祖母や母が新聞を広げていたのをよく覚えています（我が家は二代にわたる母子家庭でした）。その上で、喫茶店とレストランを経営していた祖母の仕事柄、お付き合いで共産党の機関紙「しんぶん赤旗」と創価学会の機関紙「聖教新聞」もごくたまに購読することもありました。まるで、新聞のごった煮です。

他の新聞は入れ替わり立ち替わりしたものの、朝日新聞と産経新聞が基本。たまに他の全国紙に入れ替わることはありましたが、「色々な角度からニュースを読む」という理由で、必ず二紙は取っていました。日本の全国紙は大きく分けて保守とリベラル、どちらかに軸足を置く傾向があります。

もしかしたら、どれも新聞は同じに見えるかもしれません。実際、「誰々が逮捕された」「どこそこで大雪が降った」というような、速報に近い「ストレートニュース」はどの新聞も大差はありません。こうしたニュースは主に（例外はあります）社会部の記者が記事を書き、「社会面」と呼ばれる紙面に載ります。「なんとか選手が日本新記録を出した」というようなスポーツ関係の記事だったら、運動部記者の記事が「運動面」と呼ばれる紙面に載ります。私たちが「ニュース」という時、これらのストレートニュースがよりイメージに近いのではないでしょうか。

差が顕著に出てくるのは、主に一面のコラムや社説、社論の記事、それから「政治面」や「国際面」と呼ばれる紙面です。試しに同じ日に、複数の新聞を買ってみると、例えば政治や外交問題など、見出しや記事の立場が大きく異なっている場合があります。

たとえば、二〇一七年一月五日付けの朝日新聞の「社説」は、「南北朝鮮対話　日米と共に事態打開を」というタイトルで、「日米は、韓国への後押しを惜しんではならない。たとえ表向きであれ、北朝鮮が軟化姿勢に転じた動きを逃さず、やがては日米との対話にも広げさせる結束と工夫が求められている」と説いています。一方、産経新聞の「主張」は、「安全保障　「積極防衛」へ転換を急げ　北朝鮮の核危機は重大局面に」というタイトルで、「独裁者による核の脅しにおびえながら暮らす状況は、容認できるものではない。事態を打開し、それを回避することこそ、政治に課せられた最大の責務である」と断言しています。

記事を書く新聞記者個人の思想は多様なのですが（現に私は保守的と言われる産経新聞の記者をしていましたが、本当に保守的な考えを持っていたかと問われたら、決してそうではないと答えます）、「新聞」という総体としてのメディアになると、その志向は定められてきます。

また、新聞も朝日や読売、毎日といった全国紙以外にも、ある程度広範囲な地方をカバーする「ブロック紙」や、ある地方の自治体を中心に販売される「地方紙」など、日本には多くの種類の新聞があります。スポーツ専門の「スポーツ紙」、主に通勤中の男性サラリーマンをターゲットにした「夕刊紙」、業界のことを主に報道する「専門紙」や小学生向けの「小学生新聞」もあります。私が勤めていた産経新聞社では、「産経新聞」以外にも夕刊紙「夕刊フジ」やスポーツ紙「サンケイスポーツ」を発行していました。一口に新聞といってもこれだけ多種多様な新聞があり、紙面づくりもそれぞれ違います。

そうして作られた新聞は宅配制度という、それぞれ購読者の自宅や職場に配達するというスタイルで販売されてきました。安定的に部数を維持するにはとても良いシステムでしたが、購読者側のデメリットとしては、購読している新聞以外の新聞を読む機会が減るということがありました。

しかし、どの新聞がどういう編集方針のもと、その記事を書いたか、知っておいた方がより深くニュースを読み解くことが可能になります。ニュースを深く読み解くことができれば、私たちの社会で何が起きているのか、知るきっかけになります。

それは簡単には身につかないかもしれませんが、一面だけでも新聞を並べてみているうちに、少しずつわかってくると思いますので、たとえば図書館に行った際には、それぞれの新聞を「読み比べ」てみることをおすすめします。

古くは江戸時代に萌芽《ほうが》がみられ、明治から昭和の時代にかけて百花繚乱《ひゃっかりょうらん》となった新聞ですが、間違いなく人々にニュースを伝える中心的な役割を長らく担ってきました。ところが、異変が起こります。日本新聞協会の調査によると二〇一七年の一般紙とスポーツ紙の発行部数は四二、一二八、一八九部で、二〇〇〇年の五三、七〇八、八三一部から激減しています。

かつては一世帯につき必ず一部以上は購読されていた新聞が、今は一世帯あたり〇・七五部にまで減っています。一体、なぜなのでしょう。よく指摘されるのが、インターネットやスマートフォンの普及です。毎月、数千円の購読料を払い、いちいち毎朝ポストに新聞を取りに行き、家族で順番に読まずとも、手の中にあるスマホにはおびただしい数のニュースが二四時間、無料で流れているのです。
ニュースの流通構造は今、激変しています。

「可処分時間」の奪い合いが始まった

かつて必ず家庭に届けられていた新聞は、今やあまり読まれなくなってしまいました。詳細な数字は先ほど述べた通りですが、元新聞記者である私ですら、子どもが生まれてからは、新聞の購読を止めてしまいました。別に新聞がつまらなくなったというわけではありません。理由はもっとシンプルで、「読む時間がないから」です。

早朝、起きたら保育園の支度をして、子どもを起こして朝ごはんを食べさせ、会社が始まる時間に間に合うよう、すぐに寄り道しようとする子どもの手をつないで保育園まで送ります。保育園からはダッシュで会社へ向かい、到着したらすぐに仕事です。あっという間に夕方になり、またダッシュで保育園へ。子どもをピックアップしたら、また急いで帰宅して晩御飯にお風呂、寝かしつけ。その後はたまった家事をしたら、もう一日が終わっています。

夫も似たような生活です。誰かがこっそり時間を奪っているのではないかと思うくらい、時間が足りません。夫婦がフルタイム勤務で子育てをしていたら、新聞を購読していたとしても、ポストに取りに行く暇もないでしょう。さらに新聞を読むのは場所も必要です。たとえ、ポストまでは取りに行けたとしても、どこかに座り、テーブルや机の上であの大きな新聞紙を広げて読むという行為は、私たちのライフスタイルにもはや合わなくなってしまっているのです。

かつて、結婚した夫婦の世帯には必ず新聞が購読されていたわけですが、あれだけ新聞が家庭で読まれていたのは、専業主婦の妻が家事や育児を一手に引き受けてくれたおかげだったのではないか、と思います。昔、夫には食卓でのんびり新聞を読む時間があったのでしょう。

愚痴っぽくなってしまいましたが、では私たちがニュースをいつ読むかといえば、基本的には起きている間、食事をしたり、子どもの世話をしたり、仕事をしたりする時間以外になります。つまり、スポーツをしたり、ゲームをしたり、友だちとメールをしたり、SNSに何かを書き込んだり、自分が自由に使える時間のことで、「可処分時間」と呼ばれているものです。

近年、この可処分時間をめぐっての競争が激化しています。総務省統計局の「社会生活基本調査――生活時間に関する結果」(平成二八年)によると、「通学や通勤をのぞいた移動」、「テレビ・ラジオ・新聞・雑誌」、「休養・くつろぎ」、「趣味・娯楽」、「スポーツ」、「交際・付き合い」などの時間である「三次活動」は、前回調査の平成二三年は一週間あたり六時間二七分だったのに対し、六時間二二分と五分減っていました。

その中で、特に減少が激しかったのが、「テレビ・ラジオ・新聞・雑誌」に費やす時間で、平成二三年は一週間あたり二時間二七分あったのに対し、現在では二時間一五分と一二分も減っていました。先ほど示した、世帯ごとの部数の減少とも重なってくるデータです。

「社会生活基本調査」では、これ以外にも興味深いデータがあります。スマートフォンやパソコンなどを使用している人の割合は男性で六一・九%、女性で五八・四%でしたが、男女共に特に二〇歳から二四歳の使用割合が最も高いという結果が出ました。男性で八八・四%、女性にいたっては九一・五%という多さです。この年齢層は使用時間も長く、男女共に一週間あたり六時間以上が約二五%を占めました。では、一体何に使っているのかといえば、スマホやパソコンを使用している時間帯が最も多い二一時から二四時にかけての使用目的を見ると、一五歳から二四歳では「交際・付き合い・コミュニケーション」が最も多いことがわかりました。一五歳から一九歳で五五・五%、二〇歳から二四歳で五三・九%です。

ついでにいえば、「ニュースの閲覧、情報収集」などが最も多い年代は三五歳から四四歳でした。一五歳から二四歳までは「ニュースの閲覧、情報収集」は「ネットショッピング」に次いで低かったです。そして、一五歳から四九歳までの年代で、「ニュースの閲覧、情報収集」が最も多いことは一度もなく、常に「交際・付き合い・コミュニケーション」もしくは「趣味・娯楽」(ゲームなどはここに入ってくるのだと思われます)のいずれかの使用目的の方が優っていました。

新聞やテレビに費やされる時間は減り、スマホやパソコンへのアクセスは増えたものの、ニュースを見るのは「二の次」。そんな傾向が、現在の日本人のライフスタイルから浮かび上がってきます。これは、私たち自身の日々の生活や体感とも合致する結果ではないでしょうか。

かつて、新聞のライバルは別の新聞だったり、テレビや雑誌だったりしました。いわゆる「マスコミ」と呼ばれるメディアの中で競争をしていたわけです。よく、テレビ局でも「●●テレビの番組視聴率が△△テレビを抜いた」ということが騒がれますが、現在の視聴者にとって、テレビ以外にも時間を費やす選択肢は山のようにあります。LINEで友人とやりとりしていてもいいし、メルカリで好きなブランドの服を検索してもいいわけです。人々の可処分時間をめぐり、新聞やテレビをはじめ、旧来のマスコミにとって、ライバルは今や手の中にある小さなスマホなのかもしれません。

もしも新聞がライフスタイルに合わないのであれば、合わせていくしかありません。新聞社も紙の新聞を発行するだけでなく、朝日新聞社だったら「朝日新聞デジタル」、読売新聞社だったら「YOMIURI ONLINE」など、それぞれ自社のニュースサイトを運営しているほか、新聞社によっては、「Yahoo!ニュース」や「ＬＩＮＥニュース」、そのほかのニュースアプリに多くのニュースを配信しています。

これまでであれば、「●●新聞」や「●●テレビ」など、くっきりと媒体が区分けされていましたが、ネットでは複雑な経路をたどって、私たちのもとに届くようになりました。これが情報とニュースの「液状化」と言ったゆえんです。

ただ、情報とニュースが溶け合うようになっているとはいえ、いくつかの大きな「流れ」はあります。つまり、多くの人が集まるネット上の場です。

その一つが、現在も日々、大量のアクセスを集めている日本最大のポータルサイトのひとつ、Yahoo! JAPANです。

一日四〇〇〇本の記事が集まる「Yahoo! ニュース」

アメリカで創業されたYahoo!は一九九六年、日本でも「Yahoo! JAPAN」としてサービスをスタートさせました。現在、運営会社であるヤフーは、多くのサービスを展開しています。有名なところでは、まず基本となる検索サービス、それからネットオークションサービスのヤフオク!などなど。その中で、トップページに常に掲げられている「Yahoo! ニュース」は、Yahoo!が日本で営業をスタートさせた三カ月後の一九九六年七月には立ち上がりました。

その草分けである奥村倫弘《おくむらみちひろ》さんの『ヤフー・トピックスの作り方』(光文社新書)を読むと、黎明期《れいめいき》のYahoo!ニュースの様子がよく伝わります。スタートから二年後には、もう現在のYahoo!ニュースの根幹である「トピックス」のコーナーができ、新聞などの報道機関から送られてくるニュース記事の中から、Yahoo!ニュースの編集者が特に重要性やニュース価値が高いものをピックアップして掲載するスタイルができあがっています。

私たち記者は現在、新聞社であってもネットメディアであっても、この「トピックス」に掲載されることを一つの目標としていることは間違いありません。ネット業界では「ヤフー砲」と呼ばれる言葉があります。たとえば、どこかの企業や組織が報道機関に取材され、運良く「トピックス」（私たちはヤフトピと呼びます）に掲載された場合、もっと情報を知りたいと思った大量のユーザーが、その企業や組織の公式サイトへアクセスすることで、サーバーダウンを起こしてしまう現象がたまに起こります。企業や組織にとっては、まさに砲撃を受けているように感じることから、悲喜こもごもの叫びをあげることになります。

日本最大級のポータルサイト、ヤフーのトップページには、常に最新のニュースが並んでいます。少し前のことですが、高校生に聞かれたことがありました。「ヤフーのニュースは、ヤフーの人が書いているんですよね？」。残念ながら、違います。

Yahoo!ニュースには、新聞やテレビ局、雑誌、ネットメディアなど、あらゆるメディアが発信したニュースが掲載されています。その数、一日四〇〇〇本。メディアの数は三五〇というから、本当に驚きます（二〇一八年三月現在）。中には、ヤフーが社内で編集した記事なども掲載されますが、基本的にはメディアから記事の配信を受けます。

あれ？　四〇〇〇本も記事が掲載されてたっけ？

Yahoo!ニュースを見たことのある人なら、疑問に思うかもしれません。実は、皆さんが真っ先に思い浮かべるのは、ヤフーのトップページに並ぶ「Yahoo!ニュース　トピックス」（以下、トピックス）でしょう。ここには常に八本のニュース（スマホのYahoo! JAPANアプリだと六本です）が掲載されています。ニュースはその時の状況で入れ替えが行われ、一日でだいたい八〇本から九〇本、多い日は一〇〇本ほどになるそうです。

では、四〇〇〇本の記事の中から、トピックスに掲載する記事を誰が選んでいるのでしょうか。ヤフーには、ニュースの目利きである編集者が約二五人もいます。彼らは各メディアから配信されてきた膨大な数の記事から、これはトップページに載せて多くの人に読んでもらうべきだと思う記事を判断し、トピックスに掲載するのが仕事です。その際、記事にはトピックス用の見出しを新たにつけます。見出しの文字数は最多で一三・五文字。たった一三・五文字で記事の内容を的確に伝えるには、熟練の技が必要になります。

たとえば、今、この原稿を書いている時、「次男急死 北島三郎が会見で涙」という見出しの記事がトピックスに載っていました。クリックして記事のページを開くと、「次男急死の北島三郎、緊急会見で涙「本当に…。眠っているよう」」という、配信元であるスポーツ報知がつけた見出しを見ることができます。

メディアごとにスタイルが異なる「見出し」

当たり前のことですが、どんなメディアのどんな記事にも全て「見出し」がついています。この記事には何が書かれているのか、内容をコンパクトに伝えるもので、見出しを読めば、そのメディアが何を伝えようとしているのかわかる一方、メディアごとにそのスタイルは異なっています。

歴史のあるメディアである新聞には、必ずといっていいほど、記事を書く記者とは異なる「整理記者」が存在します。新聞の紙面に記事をどうレイアウトするか考え、記事の内容に沿った見出しをつけるのが仕事で、ちょっとヤフーの編集者に似ているかもしれません。新聞の見出しは、大きな記事だと二本から三本もつけられることがあります。

先ほどのスポーツ報知の例でいえば、「次男急死の北島三郎、緊急会見で涙」「本当に……。眠っているよう」というような感じで、見出しを何本かに分けてレイアウトされるかもしれません。つまり、新聞の見出しの情報量は、トピックスに比べて、それなりにあります。ニュースには「誰が何をした」という大事な構成要素がありますが、記事の必要最低限の要素を残しつつ、記事の重要性を伝える見出しが、ヤフトピには使われているわけです。

また、トピックスの特徴を他の視点からも見てみましょう。新聞では、最も大事だと思われる記事を紙面の右上に配置します。俗に「トップ」もしくは「頭」といわれるものです。その反対側、左上の記事はだいたい、二番手の記事が載っています。これを

「肩」と呼びます。新聞の紙面は縦長ですので、真ん中に見栄えのする、大きな写真が入った記事を配置することが多いのですが、これを「ヘソ」といい、真四角や長方形にレイアウトされる場合は、さらに「箱」といいます。一面から社会面まで、新聞の紙面は基本的にこの構成でレイアウトされます。

新聞を読み慣れていないと、一見複雑そうですが、一度覚えてしまえば、とても便利なルールです。なぜなら、トップと肩、その他の記事では歴然とした「序列」があり、重要度が違ってくるからです。忙しい時にはトップ記事さえ読んでおけば、なんとなく世の中の流れが摑《つか》めました。

ところが、ネットに流れてくる記事は並列化されてしまいます。大抵のメディアのサイトでは、上からどんどん新しい記事が配信され、古い記事は下に流されていきます。「序列」よりも「時系列」で、記事はサイト内に配置されることが多いのです。これでは、一体、どれが重要なニュースなのか、どこに世の中の流れがあるのか、摑みづらくなってしまいます。

ましてや、ヤフーのような巨大なポータルサイトに配信される四〇〇〇本の記事の中から、自らニュースを選んで読むのは、時間も手間もかかります。そこで、トピックスのような厳選されたニュースがトップページにいつでも並んでいるのは、ユーザーにとっては利便性の高い仕組みなのでしょう。

私はニュースを読んだり、情報を取得することは、食事に似た行為だと思っています。自分の中に取り入れたものが、やがて頭の中で「栄養」となって、思考を生み出します。その「栄養」が十分な質や量を保っていなければ、まともな考えは浮かばないのではないでしょうか。ただ、ネットでは玉石混淆《ぎょくせきこんこう》の情報が大量に流れ、栄養価の高い情報を得ることがとても困難です。そんな時、たとえばトピックスを半日に一度、見るだけでも違います。今、世の中で何が起きているのか、ヤフーの目利き編集者たちが選りすぐった、ある程度の確度が保証されたニュースを見ることができるのです。

トピックスは一九九八年に誕生以来、その見せ方を大きく変えていないように見えます。それだけ、人々のライフスタイルに馴染《なじ》んだものになっているのでしょう

Yahoo!ニュース トピックスはどう選ばれる？

日本最大級のポータルサイト、ヤフーに、一日あたりに四〇〇〇本のニュースが集まるとお話しました。しかし、ヤフーのトップページに並ぶ「Yahoo!ニュース トピックス」に掲載されるニュースは一日に八〇本から九〇本、多くても一〇〇本です。

四〇〇〇本のうち一〇〇本。これを多いと見るか、少ないと見るかはそれぞれだと思いますが、トピックスに「掲載される」と「掲載されない」とでは、そのニュースがネットでどれだけ読まれたか、影響力は確実に違ってきます。

それだけに、トピックスにどのようなニュースを載せるかという判断は、とても大切になってきます。現場では、誰がどのように選んでいるのでしょうか。Yahoo!ニュース トピックス編集部に伺いました。

まず、Yahoo!ニュースは（ネットなので当たり前ですが）二四時間、稼働しています。たとえば新聞だったら、朝刊と夕刊の締め切りがありますので、一日二回ほど記事が集まるピークがありました（現在では新聞もネットに記事を配信していますので、締め切り時間は以前ほど意識されていないかもしれません）。テレビも同じです。ニュース番組のある時間帯に記事が集中していたはずです。

ところが、ネットの登場で、ニュースはいつでも流れるようになりました。この変化はとても大きく、多くの人にとってニュースは新聞やテレビといった限られた入手手段だけでなく、ネットにアクセスすれば常に大量に得られるものへと変わったのです。

ネットにあふれる膨大なニュースから必要な情報を的確にユーザーへ届けるため、Yahoo!ニュース トピックス編集部では、約二五人の編集者がシフト制で二四時間三六五日、働いています。一日を四つの時間帯に分けているそうで、七時から一五時四五分までが「朝番」、一〇時から一八時四五分までが「通常勤務」、一四時一五分から二三時までが「昼勤務」で、ここまでが電車が動いている時間帯です。いわゆる「夜勤」は二二時三〇分から翌朝七時一五分までになっています。

編集者はこれら四つの時間帯を交代で勤務しているわけで、編集部は常に誰かがパソコンの前でニュースとにらめっこしている「不夜城」です。では、編集者はどのようなキャリアを持った人たちなのでしょうか。

基本的には新聞社やテレビ局、出版社、ネットメディアの記者および編集者の経験がある人が多いそうです。ここ五、六年は大学を出たばかりの取材経験や編集経験のない社員を編集者として育成していて、地方紙との人事交流を行って現場経験をしてもらい、編集者としてニュースの肌感覚を知ってもらうこともあるとのことでした。

たとえば、取材が難しい中、手に入れた事実をベースに書かれた記事は、文字数にすれば少なかったとしても、ニュースとして価値が高いと考えられます。

さらにいえば、ニュースには「行間」があります。同じことを報じる場合でも、ちょっと書き方を変えれば、その記事は全く違う印象を与えます。二〇一八年、ネットで騒ぎになったニュースを比べてみましょう。

京都府舞鶴市で四月四日、大相撲の春巡業が行われました。ところが挨拶に立った市長が突然、体調を崩して倒れたのです。当初、Twitterではまさに現場にいた観客の人が、その様子をツイートし事件が伝わりました。

「観客として来てた女医さんが心臓マッサージ行ってたら「女性は土俵から降りてください」のアナウンス。人の命を助けるため一分一秒争うこの時に信じられない発言」（一部引用）

すぐには信じがたい内容のアナウンスだったため、「デマ」ではないかという説が流れました。その後、京都新聞の記事がネットで流れ、「事実」であることがわかりました。さらに、他の観客が撮影していた動画もYouTubeで拡散されて、あっという間に本当に起きたことだと、伝わっていきました。

このニュースを考える時、問題となるのは、なぜそのようなことが起きたのか、なぜそのような「デマ」と思いたくなるようなアナウンスが流れてしまったのか、です。新聞社の記者も同じ視点から、巡業の実行委員会や相撲協会を取材しています。

京都新聞では、「主催した実行委員会の説明では、会場に待機していた消防署員が自動体外式除細動器（ＡＥＤ）を持って処置を交代したため、日本相撲協会の関係者が「下りてください」とアナウンスしたとしている」と書いています。

動画を見ると、ＡＥＤを持って交代する前にアナウンスしているように見えますが、そのあたりの「疑わしさ」も合わせて読むと、記事が違ったものに見えてきます。また、日刊スポーツはこんなふうに報じました。

「日本相撲協会関係者によると、一部観客の中から「女性が土俵に上がっていいのか？」との声が挙がり、指摘を受けた若手行司が慌てて場内にアナウンスしてしまったという」

こちらは、相撲協会関係者のコメントですが、「一部観客」や「若手行司」に責任転嫁をしているようで、読者にとっては言い訳がましく読めてしまいます。これを書いた記者は、むしろそれを狙ったのではないかと思えるほどです。

同じ舞鶴市の土俵上で起きた事件でも、ちょっとずつニュアンスが違ってきます。長くなってしまいましたが、編集者としてニュースを選択する時、その記事がどのような取材をしているのか、どのような意図を持って書かれているのか、読者に与える印象を決める「行間」まで読める「肌感覚」がとても大切になります。Yahoo!ニュース トピックス編集部でも、あれだけの量のニュースから一握りの「これぞ」というトピックスやその関連記事を選ぶ際には、そうした「肌感覚」が必要なのだろうなと思います。

Yahoo!ニュース トピックス編集部で、ニュースをピックアップする時に重視しているのは、「公共性」と「社会的関心」という二つの柱だそうです。「公共性」のあるニュースとは、たとえば災害が起こった、政治で大きな動きがあった、など、人々の興味関心は薄い場合もあるけれども、より多くの人たちに関わる重要度の高いものです。「社会的関心」は、スポーツやエンターテインメントなど、人々の興味関心が強いニュースです。どこそこのチームが優勝した、国民的人気のあった芸能人が引退するといったものがあてはまるでしょう。

Yahoo!ニュースでは、この二つの柱から、硬すぎず、軟らかすぎず、バランスを取りながら、トピックスの編成をしているとのことでした。さらに、その記事の正確性や面白さなど、大体七つぐらいの判断ポイントがあり、日々、編集者の人たちは試行錯誤しながら、ニュースと向き合っているそうです。

ネットニュースの「賞味期限」はたった三〇分かもしれない

新聞記者からネットメディアの記者に転職して最も違いを感じるのは、そのスピード感です。

大雑把にいうと、新聞社では、一日かけて取材した原稿を夕方までに書き、デスクのチェックを通って、整理記者がレイアウトしたり、見出しをつけたりして、紙面を完成させ、最終的に編集長が確認、夜中までに印刷工場へと紙面のデータが送られます。そのデータをもとに印刷され、工場から各地の新聞販売店へと運ばれ、明け方ごろには皆さんの家へと配達されます。

つまり、大体、記事が取材からスタートして新聞に掲載されて皆さんに届くまで、およそ一日近くかかるわけです。ネットが普及していなかった時代は、もし何か大きな事件や事故があった場合、テレビの報道以外だと、半日ぐらいは詳報を待つ必要がありましたし、新しい情報の更新がそう頻繁ではありませんでしたから、少なくとも一日以上はそのニュースで持ちきりでした。

ところが、ネットで多数のニュースが配信されるようになると、スピード競争は激しくなりました。できるだけ手早く取材を済ませ、さっさと記事を書き、いち早くネットで公開します。その間、わずか数時間、場合によっては数十分です。

ニュースを発信しているメディアは、どれだけそのニュースが読まれたかというPV(ページビュー)を重視している場合が多いです。新聞が、その購読者数が多ければ多いほど、影響力を持ち、経営的にも安定したのと同じです。ただ、多くのメディアは購読というスタイルではなく、無料でニュースを読ませます。その代わり、サイトの上下や横に広告を掲載して、その広告料で運営を賄おうとしています。

PVを集めるためには、常に最新のニュースや情報を掲載しておかなければ、人は寄りつきません。ですから、ネットにニュースを配信しているメディアや記者は、可能な限り早く記事を掲載し、新しい情報が入手できれば、次から次へと更新していくことになります。

先ほど、新聞記事が一日以上の「賞味期限」を持っていたとお話ししましたが、これがネットのニュースになると、私の体感では半日がせいぜいです。普通のニュースは一時的に話題になったとしても、数時間です。

メディアは人々の可処分時間の争奪にしのぎを削っていると書きましたが、まさに貴重な数分を費やしてニュースを読んでもらうために、メディアは加速してきました。では、ネット上で大きな影響力を持つヤフーニュースのトピックスに並ぶ八本の記事は、どれぐらいの時間、トピックスに掲載されているのでしょうか。

Yahoo!ニュース　トピックス編集部に取材したところ、その情報はより新しいか、より大切で伝える価値があるものかを判断して、次々に差し替えていくということです。この判断は大体、三〇分に一回は生じるそうで、八本すべてが同時に更新されることがないよう、バランスを見ながら、新しいニュースと古いニュースを交代させていく。ですから、早ければ、たった三〇分でトピックスから外れてしまうこともしばしばあります。

ただし、長く読まれるもの、読んでほしいものについては少し違います。たとえば、災害が起きた時には、刻々と変わる災害情報が新しいニュースとして何本も入ってきます。そういう場合、同じ災害のことを伝えるニュースをどんどん更新していく形になり、結果的に一日中、その災害のニュースがトピックスに残っていた、ということはありえます。

もう少し詳しくお聞きすると、Yahoo!ニュース　トピックス編集部では、アクセス数が少ないからというだけで、ニュースを外すということはしないそうです。災害もそうですし、選挙の話もあまり関心を寄せてくれるユーザーは少ないかもしれませんが、とても大事な話ですので、一番目立つところに置いている、とのことです。

ただ、スポーツとかエンターテインメイトのニュースは、多数のアクセス数を期待されているジャンルでもあり、数字が落ちてくれれば早めに変えるということもあります。

それから、これも難しい話ですが、世の中には「とても読まれているけれども、長く出さなくてもよい話題」もあるといいます。たとえば、ある有名な人が微罪（万引きなどの軽い罪ですね）で逮捕されたという類のものです。確かに、知名度のある人のニュースは読まれますが、注目を集める理由によっては、「何時間も晒《さら》す必要があるのかどうか」ということを考えるそうです。

こうして実際に聞くと、何気なく見ているトピックスのニュースが、機械ではなく人の手によって、いかに絶妙なバランスと考え抜かれた判断を基準に選ばれているかがわかります。

近年、スマートフォンの登場で、さまざまなメディアから集まってきたニュースを選んでユーザーに届けるというサービスのアプリも増えています。その一つが、「朝一分で世界のニュースをチェック」というキャッチフレーズのニュースアプリ「SmartNews」です。スマートニュース株式会社が運営するアプリで、大手新聞社、雑誌社など数多くのメディアが提携。月間アクティブユーザーは一三四〇万人で、これは「グノシー」や

「Yahoo!ニュース公式」などのニュースアプリの二倍近い数字だそうです。一人あたり約一六分は利用しているといいます(二〇一八年一二月現在)。

同社の媒体資料によると、「新聞の代わりに読む」「通勤途中や待ち時間に欠かせない」「情報が信頼できる」といった声があったそうです。まさに、ニュースアプリには可処分時間の奪い合いの最前線といってもいいでしょう。

その中でも、「SmartNews」の特徴は、「トップ」の他に「国内」や「政治」などのカテゴリーごとにページが分割されており、それぞれニュースが並んでいます。ちょっと先ほど紹介したYahoo!ニュースに似ているようですが、よく見ていくとかなり違いがあります。

「SmartNews」はメディアが独自にチャンネルを持ち、たとえばニューズウィークのチャンネルを登録しておけば、そこから流れてくるニュースばかりが読める仕組みです。これはすべてユーザーが自分の好みでカスタマイズできます。たとえば、私はスポーツニュースやエンタメニュースに興味が薄いため、その関連カテゴリは省いています。

さらに大きな違いがあります。以前、同社に取材したところ、「SmartNews」にはいわゆる編集部という概念がないとのことでした。ですから、ニュースもメディアがつけた見出しがそのまま掲載されています。また、どのニュースを選び、どのカテゴリに配置するかなどは、基本的にはアルゴリズムによって選択され、運用しているそうです。一方でバランスが偏らないように人の設計・思想を常にアルゴリズムにフィードバックしながら、ユーザーに必要なニュースがアプリに掲示されるように運用しているとのことでした。

ニュースの現場は常に進化していると言えます。

ただ一方で、ニュースを配信する側のメディアは、どんどん拙速になっている気がしてなりません。私たちの業界用語で、「バズる」という言葉があります。バズとは英語の「Buzz」に由来していて、蜂がブンブン飛んで騒がしい様子を意味します。転じて、ネット上で人々が熱く語っている、話題にしていることを示す言葉として使われるようになりました。

この「バズ」が曲者《くせもの》です。ヤフーだったら「Yahoo!リアルタイム検索」、Googleだったら「Google Trends」、Twitterの「トレンド」など、今現在、どのようなことがユーザーの間で話題になっているか、「バズっている」かを見ることができるサービスがあります。

私たちはニュースを配信する時には、このめまぐるしいネットの海にどのような情報を投げれば広がるのかを考えます。みんなが野球を話題にしている時に、サッカーのニュースを提供しても、読まれる確率は低いのではないか、と検討するのです。

また配信した後も、そのニュースが「バズ」っていないか、注意深く見ています。ユーザーの関心が高いニュースであれば、次々と新しい情報を発信した方が良いこともあるからです。

いかに自分たちが発信したニュースを「バズ」らせるか。たった三〇分の賞味期限しかないかもしれない情報でも、メディアはニュースを量産し続けているのです。

第二章　フェイクニュースが私たちの未来を歪《ゆが》め、蝕《むしば》む

1　日本で始まったファクトチェック

この原稿を書き始めた頃、二〇一七年一〇月に衆議院選挙がありました。衆議院が解散され、選挙が実施される。日本では、戦後初めて女性にも参政権が与えられ、国政選挙が行われた昭和二一（一九四六）年四月一〇日以来、ずっと繰り返されてきたことです。

しかし、長年続けていれば、ついつい、その意味や大切さを忘れてしまうことがあります。似たような政治家が同じようなことを繰り返す光景に、ちょっと飽きてしまっている自分に気づきました。

新鮮味がないと言ったら不謹慎でしょうか。このままではまずいと思い、初心に帰る

つもりで、戦後初の国政選挙の様子を知りたいと考えました。本当ならタイムスリップして、現場を見てみたい……ものの、まだ時間旅行の技術は確立されていないので、別の方法で当時を知ることにしました。

国立国会図書館には、インターネットでアクセスできる膨大なデジタルライブラリーがあります。その中に、初の国政選挙の資料として、国民に対して投票を呼びかけるポスターを見つけました。大正から昭和にかけて活躍した女性作家・生田花世《いくたはなよ》の文章を掲げた文部省の選挙ポスターで、「貴いもの」というタイトルで女性の投票を呼びかけています。その文章が、かなり熱い。

「新しい日本は何で築く」から始まり、「國民の内から盛り上る命で築く」「男の命ばかりでなく　女の命で築く」と続き、「下駄のやうに脱げない　それは吾《われ》　この一票」「帯のやうに解けない　それは魂　この一票」と盛り上がります。最後には、「あの立派な人の名を書きませう」「どうぞ　新日本を築いて下さいと熱願をさゝげて書きませう」で締めくくられていました。

データで見ても、投票率は男性で七八・五二％、女性では六六・九七％という驚異の高さです。ちなみに、私も投票した二〇一七年の衆議院選挙の投票率は五三・六八％で、戦後二番目の低さだったそうです。台風が来襲していたことを差し引いても、どんどん選挙に関心が薄れているのが、数字でもわかります。

しかし、実はこの衆院選挙を報じるニュースや、選挙に関する情報にちょっとした変化がみられました。「フェイクニュース」という言葉をどこかで聞いたことはないでしょうか？

フェイクニュースとは、虚偽情報が含まれ、主にSNSなどインターネット上で拡散されるニュースのことです。今、このフェイクニュースが世界のあちこちで問題となっています。この言葉が注目されたのは、二〇一六年一一月の米大統領選でした。

当時共和党の候補者だったトランプ氏に有利になるような偽ニュースを発信するサイトが立ち上がり、多くの人たちが「本物のニュース」と勘違いしてアクセスしたり、自らFacebookやTwitterで拡散したりという現象がみられました。

有名なフェイクニュースとしては、「ローマ法王がトランプ氏を支持した」、「対立候補のクリントン氏がテロ組織に武器を売っていた」などがあります。こうしたトランプ氏に有利なフェイクニュースが支持層を拡大させ、トランプ大統領の誕生につながった、というのがよく言われていることです。

続く二〇一七年五月の仏大統領選でも同じようなことが起こりましたし、二〇一六年六月に英国でもEU脱退をめぐる国民投票で、EUに残留したいグループと離脱したいグループが熱戦を繰り広げ、ヒートアップするあまり、誇張表現や虚偽の情報が入り乱れる結果になりました。

フェイクニュースは昔からあった?

もちろん、フェイクニュースは、古来より存在していました。しかし、メディアの片隅で仕事をしてきた者として怖いなあと思うのは、本来であれば虚偽情報を否定し、駆逐してきたはずのテレビや新聞といった旧来のメディアの報道が、信用してもらえなかったということです。これまでのメディアが主体的に情報を選りすぐり、事実と確認してから報道するという仕組みが、壊れてきているのかもしれません。

人々は意識してか、無意識なのか、わかりませんが、旧来のメディアには見向きもせず、自分自身の手で玉石混淆《ぎょくせきこんこう》の情報を取捨選択して、信じたいものを信じるようになった結果、「石」であるフェイクニュースを多くつかまされているように見えます。

そうした状況から、ついには「ポスト・トゥルース」という言葉が頻繁に登場するようになってきました。要は、「真実がどこにあるかは関係ない」という状況のことを示しています。二〇一六年一一月に英国のオックスフォード英語辞典も「今年の言葉」（ワード・オブ・ザ・イヤー）として、この言葉を選びました。

朝日新聞の報道によると、オックスフォード英語辞典の定義では、「世論形成において、客観的事実が、感情や個人的信念に訴えるものより影響力を持たない状況」という意味になっています。フェイクニュースの拡散に頭を抱える欧米の苦悩が伝わってきます。

日本も、フェイクニュースとは無関係ではありません。二〇一七年の選挙では、新聞やニュースサイトが盛んに「ファクトチェック」をするようになりました。これまでは、「まさかこんな怪情報を信じる人はいないだろう」と放置していた偽情報をいちいち、検証してみせたのです。欧米のように、人々の投票にまでフェイクニュースが影響しないよう、取り組んだのではないかと思います。

フェイクニュースを流した人物の死はフェイクニュース？

では、実際にフェイクニュースが社会にどのように作用するのでしょうか。

二〇一七年九月、ある男性の訃報が欧米のメディアを駆け巡りました。アリゾナ州で死亡したと報じられた男性は、三八歳のポール・ホーナー氏。先のアメリカ大統領選で、自ら「トランプ氏を大統領にした」と豪語していました。その理由は、彼が運営していたサイトにあります。

ホーナー氏は、例えば「ＡＢＣニュース」といったような本物のメディアのニュースサイトに似せた体裁で、いくつものフェイクニュースを発信していました。中にはトランプ氏に有利になるようなものが多く、トランプ氏支持者の間でよく読まれていました。よく読まれていたというのは、FacebookやTwitterで拡散されていたということです。今やニュースはテレビ局や新聞社が自分たちの媒体を通じて流すだけではなく、SNSでいかにシェアされたかによって、その影響力が決まります。彼が発信したフェイクニュースに、「反トランプのデモ参加者が三五〇〇ドルを受け取っていた」という有名なものがありますが、これを信じた当時のトランプ陣営選挙対策本部長が自身のTwitterで紹介してしまうということもありました。

ですから、ホーナー氏のサイトがマスメディアではなかったからといって、侮ってはいけなかったわけです。彼は二〇一六年一一月、ワシントン・ポスト（こちらは本物）のインタビューに応じ、「自分のおかげでトランプ氏はホワイトハウスに行くことができた」と言い切っています。

また、なぜそんなにフェイクニュースが拡散するのか問われ、こうも答えています。

「正直に言えば、みんな本当に愚かなんだ。彼らはただ次から次へと転送していくだけで、誰もファクトチェックすらしない」

SNSで流れてきたニュースがもし自分の考えを強調するものだったりしたら、多くの人がもっとこの「有益な情報」を世に知らしめようと、自身のアカウントに流す傾向がみてとれるわけです。そうして、自分たちの耳に心地よい情報だけが集まるネットワークはつながり、その中で情報の流通が行われる一方、耳障りな情報が流通するネットワークから孤立してしまうという懸念が出てきます。

実際、アメリカではこんな研究がありました。ハーバード大学バークマンセンター共同所長のヨハイ・ベンクラー氏や、MITシビックメディアセンター長のイーサン・ザッカーマン氏らが、「ブライトバート」という保守系インターネットメディアを分析したところ、その読者は他のメディアから隔絶した状態にあることがわかったのです。

ブライトバートは二〇〇七年に設立され、トランプ大統領の腹心と言われて首席戦略官兼大統領上級顧問まで務めたスティーブン・バノン氏が率いるメディアです。大統領選の時には、トランプ陣営に好意的な記事を多く発信していました。

ベンクラー氏とザッカーマン氏らはまず、予備選挙期間の二〇一五年四月から本選投票が行われた二〇一六年一一月までの一九カ月間、ブライトバートを含む二万五〇〇〇のニュースメディアから配信された一二五万件の記事を抽出しました。その記事がFacebookやTwitterでどのようにシェアされたかを比較したところ、トランプ氏を支持するユーザーと、その対立候補だったヒラリー・クリントン氏を支持するユーザーとで、好むメディアがくっきりと分かれ、「真ん中」の位置にあるメディアの存在感がなかったことがわかりました。

特にブライトバートが発信した記事は、Twitterで四万回近く、Facebookで八〇〇〇万回以上がシェアされていて、ニューヨーク・タイムズやワシントン・ポスト、CNNといった著名なメディアにも迫る存在感を示していました。

さらに、ブライトバートを中心とする保守系メディアは、それ以外のメディアに比べ、論調の幅が狭いという特徴もあったそうです。つまり、保守系メディアが発信する極端な論調の記事が、それを好むユーザーの中で繰り返しシェアされ、増幅していったことがみてとれます。

では、周囲から隔絶したメディア環境に、フェイクニュースが流されるとどうなるのでしょうか。その情報の真偽を確かめられるだけの環境がそもそもなかったとしたら。想像すると、ちょっと怖くなります。フェイクニュースがいかに私たちの判断を歪ませるかお話ししてきましたが、歪みを補正できる力を持つことが必要となるでしょう。

怖いことはすでに、起きてしまっています。二〇一六年一二月、ワシントンのピザ店「コメット・ピンポン」で発砲事件がありました。「コメット・ピンポンが小児性愛者の巣窟で、児童売春の根城になっていて、クリントン氏も関わっている」というネット上のフェイクニュースを真に受け、子どもたちを助けようとした二八歳の男がライフル銃を持って店に押し入り、発砲したのです。

これは「ピザゲート事件」と呼ばれ、多くの人たちを震撼させました。前章で触れた、メキシコやインドなどで起きてしまった殺人事件もそうでしたが、フェイクニュースを本当の情報だと信じてしまうことが、リアルの世界にも大きな影響を与えるのだと痛感せざるをえませんでした。

さて、肝心のホーナー氏ですが、亡くなったというニュースこそが、フェイクニュースではないかと言われました。九月二七日にワシントン・ポストはこんな見出しの記事を配信しています。

Who do you believe when a famous Internet hoaxer is said to be dead?
（インターネットのホラ吹きが死んだと言われても、誰が信じる？）

初めにホーナー氏の兄弟がFacebookに彼の死を投稿したことがきっかけでしたが、当初はまたホーナー氏のデマだろうと言われました。結局、メディアが地元当局に確認し、薬物の過剰摂取が死因であることが広報されて、フェイクニュースではないとファクトチェックがされています。フェイクニュースを流してきた人物は、自らの死までもフェイクニュースにされてしまいそうになるという皮肉な結末を迎えました。

2 Facebook、Google、Twitterを舞台にサイバー戦争

二〇一七年九月、Facebookのある重大な発表は、世界を驚かせました。

ご存知の通り、Facebookは世界最大のSNSです。よく利用している人たち（アクティブユーザーといいます）が、世界で二〇億人いるとされ、日本国内でも二八〇〇万人が使っているとされます。そんな大規模なSNSを舞台に、組織的な情報操作が行われたことがわかったというのです。しかも、その発信元がロシアであり、二〇一六年一一月のアメリカ大統領選でトランプ氏の当選に関与するのが目的だったとしたら？

途端にスパイ映画めいてきましたが、まぎれもない現実であり、アメリカでは現在、「ロシアゲート疑惑」と呼ばれる大きな政治的な問題にまで発展しています。

これまで、二〇一六年のアメリカ大統領選でフェイクニュースが人々に影響を与えてきたという話をしてきましたが、その舞台の一つであるFacebookは、フェイクニュー

スが蔓延《まんえん》していたにもかかわらず、放置したため投票結果に影響を与えていた、と批判を受けていました。

Facebookのマーク・ザッカーバーグCEOは当初、この批判を「クレイジーだ」と一蹴し、フェイクニュースの拡散は小さく、投票結果を左右するものではなかったと反論しています。

しかし、Facebookを取り巻く情勢は二〇一六年末頃から大きく変わりました。トランプ政権が正式に誕生する直前、アメリカの情報機関はロシアがサイバー攻撃によって大統領選に関与したことを報告書で正式に認めました。私たちがここで注目したいのは、そのサイバー攻撃でどのようなことが行われていたのか、です。

不正な政治広告や工作動画のアップ

Facebookが九月に発表したのは、このロシアゲート疑惑につながる調査結果でした。

二〇一五年六月から二〇一七年五月の二年にわたり、約一〇万ドル（約一一〇〇万円相当）の政治広告が、ロシアのものとみられる四七〇ものフェイクアカウントやFacebookページに購入されていたというのです。その数は三〇〇〇件とされました。

これらの政治広告は直接的にトランプ氏への支持を訴えるものというより、LGBT（性的マイノリティ）や人種、移民の問題、銃の所持などのメッセージ広告で、大統領選を前にアメリカ国民の間で意見の対立を煽《あお》る目的だったとみられています。Facebookはこれらの政治広告は、サイバー工作を行うロシアの「トロール工場」によるものとみて、米連邦捜査局（FBI）に情報を提供して、捜査に協力していると報じられました。

「トロール」とは一体、何者なのでしょうか？

ネットスラングで、掲示板やSNSで虚偽や不快な投稿といった、「荒らし」や「釣り」をする人のことを示します。かねてより、ロシア・サンクトペテルブルクには「トロール工場」と呼ばれる工作組織が存在すると報じられてきました。そこでは、二四時間三六五日、大勢の人たちがSNSに書き込みをしたり、ブログを書いたり、あるいは、フェイクニュースのサイトを作ったりしているといいます。Facebookの政治広告でも、彼らの暗躍があったとみられているのです。Facebookだけではありません。Google でも、YouTubeで工作動画が多数アップされていたり、Facebookと同様の不正な政治広告が掲載されていた可能性があるというニュースが流れました。

また、Twitterも大統領選への関与が指摘されているロシアのメディア「ロシア・トゥデー」と「スプートニク」からの広告を禁止すると発表しました。これらのサイトは、トランプ氏に有利なフェイクニュースを流していたとアメリカ当局に結論づけられています。

世界的に知られるFacebook、Google、Twitterがそれぞれ、何らかの形でロシアからのサイバー工作を受けていたことかわかりました。アメリカの民主主義に関わる大事件であることは、アメリカ人でなくてもわかります。

事態を重く見たアメリカ合衆国会議は、二〇一七年一〇月三一日に上院の司法委員会、同年一一月一日に両院の情報特別委員会に、三社の法律顧問を呼んで、公聴会を開きました。その様子は多数のメディアが報じていますが、いずれも、なぜ未然にロシアの干渉を防げなかったのか、今後の防止策を徹底できるのかなど、厳しい追及が行われました。

Facebookは公聴会で、二年にわたってアメリカ人約一億二六〇〇万人が閲覧した可能性があることを明らかにしました。これは、アメリカ国民の四割近い人数になり、当初予想されていた影響力より、かなり深刻です。

ネットメディアWIREDが二日目に行われた公聴会の詳細なリポートを掲載しています。それによると、情報委員会委員長で、ロシアゲート疑惑について調査している共和党のリチャード・バー上院議員が、インターネット・リサーチ・エージェンシー（IRA）と名乗るロシアの工作組織が、Facebookで行った二つの投稿を取り上げました。

一つは、「Heart of Texas」というフェイクページがシェアしたテキサス州のイスラム化に反対する抗議運動のイベント、もう一つは、「United Muslims of America」というフェイクページがアップロードした親イスラムのイベント。これら二つの団体が同じ場所、同じ日時に集会を開くという虚偽の情報を流し、結果的に本当にヒューストンでは衝突が起きたといいます。

公聴会では、ある議員はロシアによる干渉を「サイバー戦争」と発言していました。虚偽を含んだ情報を流したり、操作したりすることは、歴史上でもよくあったことだと思います。しかし、Facebook や Google、Twitter といった強大なSNSやプラットフォームの登場が、情報を世界規模で瞬時に拡散させることを可能にしました。その影響力は、古くからのメディアを凌駕《りょうが》しているでしょう。

その証拠に、MITメディアラボがツイッター社から協力を得てまとめた研究があります。二〇一八年三月に発表された「事実とフェイクのニュースの拡散」(The spread of true and false news online) という研究では、事実を報道しているニュースとフェイクニュースの拡散の仕方を比較しました。すると、「フェイクニュースの方が速く拡散する」という結果がわかったのです。体験的にわかっていたこととはいえ、客観的なデータで示されると、少々ショックでもありました。

　少し乱暴な表現になるかもしれませんが、一見、似ているSNSやプラットフォームと、メディアの「違い」は、そこに掲載され、流通しているコンテンツに対する「態度」にあるように思えます。前者は基本的にネットユーザー自身が表現したり、発信したり、交流したりできる場です。良くも悪くも自由であり、運営する会社は規約をそれぞれ設けてはいますが、問題がないと判断されればどんな情報でも掲載されます。

片や、メディアには基本的に「編集」という工程があり、情報をそのまま掲載することはあまりありません。プロの編集者や記者が情報を取捨選択し、読みやすいように加工して、一方的に発信します。さらに、メディアは歴史が古い分、批判にさらされてきた経緯もあり、良くも悪くも自主規制が働くことが多いのも特徴です。

　スマホの画面やPCのディスプレーでは、フラットで同質に見えるかもしれませんが、情報の「届けられ方」にかなり違いがあります。どちらが「良い」「悪い」ということではなく、違いを知っていることが大事だと考えています。Facebookやメディアに掲載されている情報の発信元に注意することで（もちろんメディアがFacebookで発信することもあるのでややこしいのですが）、その情報が流された背景がつかめてくるのではないでしょうか。

公聴会では、Facebookなどに対して、プラットフォームとしての責任が追及され、その後もコンテンツの規制が取りざたされています。メディアもこれまで、情報を発信するものとしての責任を問われ続けてきました。プラットフォームも同じように、その責任を問われる時期にきているのかもしれません。

「保守の人限定、政治系ブログを書きませんか？」本当にあった求人募集

「憲法九条を改正し、軍隊を保有すること、当然だと思っています」「共産党の議員に票を入れる人って反日ではないか」「民進党の政策の反対を行えば日本は良くなる」

こうしたテキストが盛り込まれたブログ記事を書けば、一本につき八〇〇〇円の報酬がもらえます……。嘘《うそ》みたいな求人募集が、クラウドソーシングサイトに掲載されていた

ことが二〇一七年九月、明らかになりました。

求人募集は様々な仕事依頼が掲載されているサイト「クラウドワークス」で、「政治系ブログ記事の作成。保守系の思想を持っている方限定」というタイトルで掲載されていました。

「あなたの考えを記事にしてください」として、「内容としては民進党とか共産党を応援する記事は採用しません」とかなり政治的立場を明らかにして募集していたことがTwitterで話題となり、後にクラウドワークス側は、その募集を利用規約や仕事依頼ガイドラインに反する案件と判断して、掲載を中断しています。依頼主はわかりません。

前回まで、欧米を舞台にした大掛かりなサイバー工作についてお話ししてきました。「日本で暮らす私たちには関係のない話」と思う人もいるかもしれませんが、組織的なネットでの働きかけは、残念ながら日本にも存在するようです。

みなさん、「ネトウヨ」という言葉を聞いたことはあるでしょうか？　もともとはネットで保守的な言動をする人たちを意味するネットスラング「ネット右翼」がさらに転じたものです（対極にある言葉として、「ネトサヨ」というものもあります。こちらは「ネット左翼」が転じたもので、両者は犬猿の仲です）。

「ネトウヨ」と呼ばれる保守系の人たちは、実名、匿名限らず、自身の政治的意見をネットのあちこちで投稿しています。クラウドワークスの一件は、彼らが組織的に工作していた、もしくは何者かが彼らを利用して工作していた可能性を明るみに出して、多くの人たちを驚かせました。

今まで私たちが読んだり、目にしたりしてきた政治的な記事が、本人の思想信条の発露ではなく、工作目的のアルバイトで書かれたものだとしたら？

たかがブログ記事じゃないか、と思われる人もいらっしゃるかもしれません。確かに、一つ一つのブログ記事の影響力は小さいかもしれませんが、そうしたブログが量産され、ネット上に多数存在することになれば、検索して上位に上がってくるなど、ネットでは（あくまでネットでは、です）「多数派」に見えてしまうことがあります。

TwitterやFacebookといったSNSでも、思想的、政治的に極端な意見が大多数を占めているように感じる時があります。が、実は、ほんの一握りの先導者たちが同じような内容の投稿を繰り返したり、自分と同じような意見を何回もリツイートしたりしていることが、さまざまな研究でわかってきています。

つまり、ネット上の「声の大きさ」と、現実にその声に賛同する「人の多さ」は、イコールと考えないほうがよいのです。ネットではあんなに支持されているように見えた政党や政治家が、選挙ではまったく票数が伸びず……なんてことは実際にあちこちで起きています。

選挙の時には、そうした「工作」が活発になります。ネット出現以前にも、選挙活動では対立陣営や自分とは相容れない政党、候補者を追いおとすため、怪文書が有権者にばら撒《ま》かれるなんてことは、日常茶飯事でした。今では、ネット上に流言蜚《ひ》語《ご》はあふれるようになりました。

その一つが、二〇一七年一〇月に行われた衆院選であった立憲民主党にまつわる「うわさ」です。一〇月二日に結党されたばかりの立憲民主党がTwitterの公式アカウントを開設したところ、わずか二日で当時、政党としては最多のフォロワー数を誇っていた「自由民主党広報」の公式アカウントの一一万三〇〇〇を抜いて、トップに立ちました。

しかし、立憲民主党の進撃に、主に保守系のユーザーから懐疑的な声も上がりました。「フォロワーを買ったのでは？」。そう、ＳＮＳのフォロワーを「買う」ことは、実は可能です。一時期はヤフオクやメルカリなどで検索すると、ざくざく出てきました。TwitterやInstagramが多く、人数や、日本人もしくは外国人など属性も選べます。

先ほど、ネット上の「人の多さ」はあてにならないと書きましたが、こうした事情もあります。見せかけだけ、人気を集めるのはさほど、難しくありません。ただ、それぞれのＳＮＳには規約があり、アカウント売買は禁止されています。もし明るみに出れば、卑劣な行為であり、バッシングを受けます。

ですから、立憲民主党がフォロワー数を伸ばしていることを快く思わない人たちは、フォロワーを買ったのではないかと疑惑の目を向けたのです。この疑惑は瞬く間に広がりました。出所不明の情報は、「買ったのでは?」が「買ったんだろ」になり、「買ったに違いない」となります。真偽の振り子は、自分たちが信じる方向へと傾いていくのが、SNSです。しかし、本当に立憲民主党はフォロワーを買ったのでしょうか?

この秋の衆院選ではメディアがフェイクニュースのファクトチェックを活発に行っていました。この疑惑についても、複数のネットメディアがいち早く、これを「フェイクニュース」として検証しています。使われたのはいずれも、フォロワーの「質」を見極める「Fake Follower Check」というサービスです。

このサービスに知りたいアカウントを調査させると、フォロワーのサンプル(最大一〇〇〇)から、フォロワーの状態を「Fake(フェイク)」「Inactive(休眠)」「Good(良好)」の三つで判定し結果を出してくれます。「Fake」は、「フォロワーが少ない、もしくはゼロ」「ツイートが少ない、もしくはゼロ」「フォローは多い」などの特徴で判断されているといいます。

私が普段記事を書いている「弁護士ドットコムニュース」の記事によると、立憲民主党のフォロワーは「Fake」が六%、「Inactive」が五七%、「Good」が三七%でした。一方、自由民主党広報のアカウントのフォロワーをチェックしてみると、「Fake」が一三%、「Inactive」が四一%、「Good」が四六%で、「Fake」と判断されたアカウントの割合は、自由民主党広報の方が多いという結果になっていました。ちなみに、政党の公式アカウントとしては、三番目にフォロワーが多い公明党広報は、「Fake」が二〇%、「Inactive」が五四%、「Good」が二六%と、他の政党に比べて「Fake」認定されるフォロワーが多かったようです。

もちろん、「Fake Follower Check」はあくまで機械的に判定するツールの一つにすぎません。たとえ「Fake」が多かったとしても、その情報だけで、そのフォロワーが買収されたものなのかどうかまで、判断できるものではありません(アカウントの開設時期が古ければ古いほど、休眠状態にあるフォロワーが増えるので仕方ないという指摘もあり、そう単純ではなさそうです)。

ただ、立憲民主党の「Fake」認定されたフォロワーは当時、割合としては小さく、

「大量に買収してフォロワー数を増やした」という情報はあまり信じられない結果になりました。非常に歯切れが悪く、かつ、時間も手間もかかる作業ですが、ちょっと自分の耳に心地よいと思った情報に出会ったら一歩引いて疑ってかかるというぐらいの姿勢が必要なようです。

かつて、巨大掲示板「2ちゃんねる」の管理人「ひろゆき」こと西村博之《ひろゆき》さんは二〇〇〇年に、テレビのインタビューで「嘘は嘘であると見抜ける人でないと、（ネットを使うのは）難しい」という発言をして、話題になりました。しかし、今では、「嘘を嘘であると見抜ける（と思っている）人」ほど、ネットを使うのが難しくなっているのかもしれません。

「フェイクニュース」や「ヘイトスピーチ」は規制できるか

SNSは、誰もが世界に向けて言いたいことや伝えたいこと、つまり「情報」を発信できる、素晴らしいツールです。日本で言えば、二〇〇四年にmixiやGREEが立ち上がり、今ではTwitterやFacebook、Instagramが上陸、LINEなど多種多様なサービスがあります。友達と使ったり、家族で使ったり、社会人であれば仕事に使ったりと、目的によって使い分けている人も多いでしょう。

日本でSNSが本格的に始まったのは、二〇〇四年でした。私は当時からインターネットが大好きで、面白そうなサービスがローンチ（立ち上げという意味で、ネット業界では新しいサービスが公開される時によく使われます）される度に、いち早く試すことが多いです。mixiやGREEもローンチされてから三カ月後ぐらいには登録していたと思います。それまではアメリカのSNSしか経験がなく、初めて利用する日本語のSNSにわくわくしたのを覚えています。なぜなら、ちょっと知りたいと思った小さな情報が、そこにあったからです。

mixiの中には、地元の話題について話し合うコミュニティもたくさん作られていました。私も、中学、高校、大学、大学院とおよそ一〇年あまり通っていた東京・神保町のコミュニティに参加し、そこに書かれている町の情報を見るのが楽しみでした。ある日、神保町を訪ねた時に、学生の頃は商店街の店先でよく見かけた猫が消えているのに気づきました。

もしかしてあの猫は、もう死んでしまったのではないか。気になり、神保町のコミュニティに猫の消息を尋ねる投稿をしてみました。すると、一晩も経たないうちに、「あの猫は年をとったので店番から引退して、お店の中で過ごしているようですよ」と教えてくれる人が現れたのです。

SNSでは、それまでテレビや新聞、雑誌といった既存のメディアから不特定多数に一方的に発信されていた情報が、まったくの個人（年齢も収入も経験も問いません）によって、ある時は不特定多数のために、ある時は限られたメンバーのコミュニティのために発信され、しかも情報に対するレスポンスまで付いてくるようになりました。

今では当たり前に思えるかもしれませんが、この情報の流れの激変は、当時新聞社というテレビよりもさらに古いメディアに身を置いていた者として、かなり驚きました。どう考えても、商店街の猫の消息は、自分が日々、記事を書いている新聞には載らない情報です。

新しくもたらされた情報に価値がある時、「ニュース」となります。新聞記者をしていた時から現在まで、ニュースを書く時によく自問自答するのが、「どれだけの人にこの情報は価値があるのか」ということです。「ニュースバリュー」とも言われるもので、それがあるかないかで、ニュースとそれ以外の情報の境界線が引かれます。

境界線が引かれてみれば、私たちがニュースと呼ぶ情報はとても少ないです。ニュースとは違うと区分された情報の方が、数え切れないほど存在します。神保町の猫の消息も、大勢の人にとって価値のある情報ではないでしょう。しかし、私にとってはとても大事で、欲しかった情報だったのです。そんな情報がすぐに手に入る。しかも無料で。当時の私に、SNSへ期待するなという方が、難しかったでしょう。

それだけではありません。一九九〇年代後半から二〇〇〇年代前半にかけては、さまざまな技術が進み、新しい切り口のサービスが泉が湧くように出てきた時期でした。SNSをはじめとするインターネットの世界への期待感は、高まっていきました。

ところが、ユーザーが増えてネットが日常化すると、世情を反映してか、ネットに流れている大量の情報の中に、虚偽や偏見、差別といったものが増えていきました。世界中で今、フェイクニュースが問題となっていると書いてきましたが、残念ながらSNSが舞台となっていることがとても多いのです。

「Twitter や Facebook、YouTube などで、フェイクニュースを放置したら、サイトの運営企業には最大で五〇〇〇万ユーロの罰金を科す」

ついにドイツでは、こんな法律が二〇一七年一〇月から施行されました。対象となるのは「違法コンテンツ」で、虚偽の内容で名誉毀損をしたり、侮辱したり、犯罪を呼びかけたりしたものが含まれます。

フェイクニュースがSNSで拡散されてしまう理由の一つに、削除が間に合わないという実情があります。そのため、ドイツでは、苦情が寄せられた明らかな違法コンテンツに対しては、SNSの運営企業は二四時間以内に削除やブロックをしなければならないと義務づけられました。これを怠り、きちんとSNSを監督しない場合には、先ほど書いた通り、約六〇億円もの罰金が科せられる可能性があるわけです。

これだけ厳しい対応をドイツがとったのにも、理由がありました。さまざまなメディアが報じていますが、近年、政情不安定な中東やアフリカから大勢の難民が欧州に押し寄せるようになりました。特に多かった年は「二〇一五年欧州難民危機」と呼ばれるほど各国に政治的な問題を引き起こしています。

ドイツでは一〇〇万人以上を受け入れましたが、二〇一五年の大晦日《おおみそか》、ケルンで難民が集団暴徒となり、女性たちに強盗や性的暴行を加えたという痛ましい事件が発生しました。女性たちからの被害届は五〇〇件を超えたと報じられていますから、どれだけ大規模で凄惨な事件だったかがわかります。

実はその前から増え続ける難民と国民との軋轢《あつれき》が生じていたドイツは、TwitterやFacebook、Googleと協議し、難民に対するヘイト（憎悪）スピーチを二四時間以内に削除することで合意したとロイターが報道していました（二〇一五年一二月一六日付）。その矢先の事件でした。

フェイクニュースが発信される背景には、自分とは異なる人種民族、出身国、文化、宗教、性的指向などを持つ人々に対する差別や敵意の存在が少なくありません。ヘイトスピーチとは、彼らを貶《おとし》め、その社会的立場を不利にするために行われます。ドイツでも、難民との軋轢がそうしたヘイトスピーチやフェイクニュースを生み出しています。

実は、ヨーロッパほど深刻ではない日本でも、フェイクニュースと並んでヘイトスピーチが社会問題となっています。

「まとめサイト」が過激化する理由

世界では、ネットを舞台にフェイクニュースやヘイトスピーチが蔓延していることから、国家レベルでその対策が講じられていると、お話ししてきました。日本では特にヘイトスピーチが社会問題となっています。

ヘイトスピーチとは、ヘイト（憎悪）による表現です。自分とは異なる人種、民族、出身国、文化、宗教、性的指向などの人々に対し、差別意識や敵意をあからさまにする行為ですが、暴行などの犯罪行為、つまりヘイトクライムに発展する場合もあります。

例えば、二〇一六年七月に起きた神奈川県相模原市の障害者施設「津久井《つくい》やまゆり園」の事件も、ヘイトクライムです。この施設で働いていた元職員の男が、就寝中の入所者を次々襲い、死者一九人、重軽傷者二六人という戦後最悪の大量殺人事件を引き起こしました。

男は事件後、「障害者は不幸を作ることしかできません」という手紙を衆議院議長に渡そうとしていたことがわかりました。障害者に対する激しい差別意識から殺人に走ったと言われています。あまりに身勝手な動機に衝撃を受けました。

私にも障害者の伯父がいました。彼は幼い頃にかかった病気が原因で半身不随になり、知的障害を持ち、目も見えませんでした。ほとんど外出できず、ずっとベッドの上で何十年も過ごして亡くなりました。彼の介護は家族にとって負担でなかったとは言えませんが、彼は家族の一員であり、楽しい思い出もあります。不幸を作ることしかできない存在とは到底、思えません。

それに、彼が病気になったのは偶然であり、私やそれ以外の人たちだって、いつ同じように障害を持つようになるかわかりません。それなのに、障害ゆえに激しい憎悪をぶつけられ、一方的に命まで奪われる。本当に「不幸を作ることしかでき」なかったのは一体、何者なのでしょうか。ヘイトクライムは、どんな理由があっても許されるものではありません。

なぜ、ヘイトクライムは起こるのでしょうか。私はヘイトスピーチが日常化することと無関係ではないと考えています。そして、残念ながら現在のネットは、ヘイトスピーチの温床になっています。ネットはそれ自体が善悪の存在ではなく、人々が集まり、つながることのできる仮想の広場のようなものです。楽しいお祭りの会場にも、あるいは、犯罪の現場にもなりえるということです。憎悪の感情を持った人たちが集まれば、そこは社会の中でヘイトの溜《た》まり場になってしまいます。

最近、こんな裁判がありました。ネットの投稿などをピックアップして「記事」として編集する「まとめサイト」のひとつ、「保守速報」に対し、名誉毀損の損害賠償金二〇〇万円を支払うよう、判決が出たのです。何があったのでしょうか？

裁判に訴えたのは、在日朝鮮人のフリーライター、李信恵《りしね》さんです。「保守速報」は二〇一三年から約一年間、李さんに対する投稿を転載、編集した記事をたくさん掲載していました。その中で、李さんに対して「朝鮮の工作員」「頭おかしい」「日本から叩《たた》き出せ」などの差別や侮蔑の表現が使われていたのです。

大阪地裁は二〇一七年一一月、「保守速報」の記事で名誉を傷つけられたという李さんの訴えを認める判決を出しました。判決では、実に四三本の記事中で「名誉毀損」「侮辱」「人種差別」「女性差別」があったと指摘、「複合差別に根ざした表現が繰り返された点も考慮すべきである」としました。

「保守速報」側は、記事はネット上の情報を集約しただけとして、たとえ名誉毀損や人種差別などの表現があったとしても、引用元である巨大掲示板「2ちゃんねる」（現・5ちゃんねる）やTwitterの投稿に責任があると主張していましたが、判決では一蹴されました。つまり、「まとめサイト」はただ他のサイトの投稿をまとめただけだから、悪くないという主張は通用しませんでした。大阪地裁の判決では、「保守速報」の記事が新たに「意味合い」を持ち、憲法一三条に由来する人格権を侵害したと結論づけたのです。この裁判は最高裁まで争われ、二〇一八年一二月に「保守速報」の敗訴が確定しました。

こうした「まとめサイト」は、ブログというスタイルのサービスが登場して以後、二〇〇〇年代後半から多くみられるようになりました。現在でも、よく見かけます。「まとめサイト」の流行の背景には、何があるのでしょうか。

狙いは、広告収入です。サイトには、バナー広告などが貼り付けてあり、クリックされれば収入になります。広告を通じて商品が買われれば、さらに代金の一部が収入になるアフィリエイトというものもあります。ですから、一般的にサイトを訪問した人の数が多ければ多いほど、収入も増えるというわけです。

広告収入アップに走り、犯罪に問われた「まとめサイト」もありました。俳優の西田敏行さんを誹謗《ひぼう》中傷する虚偽の記事をブログなどでまとめて拡散したとして、警視庁赤坂署は二〇一七年七月、偽計業務妨害容疑で男女三人を書類送検しました。三人は、西田さんが違法な薬物を使い、日常的に暴力をふるっているというデマを流していました。報道によると、三人のうち一人は、このサイトの広告収入で生計を立てていたといい、センセーショナルな記事をまとめることで、閲覧数を増やすことが目的だったそうです。

結局、「保守速報」では二〇一八年六月頃から広告の出稿が停止してしまい、サイトの上部や脇にあった広告の枠は空白のまま、現在も続いています（二〇一八年一二月）。主力の収入源を断たれたため、グッズを売るなどしているようでした。

「まとめサイト」の全てが悪質というわけではありません。ただ、一部には、閲覧数をあげるために、デマ情報をアップしたり、過激な差別表現を用いて人々の関心を引こうとする運営者がいたりするのも確かです。日本の場合、「まとめサイト」はフェイクニュースやヘイトスピーチと相性が良い傾向にあります。

では、どうしたら悪質な「まとめサイト」を止めることができるのでしょう。それには、複合的な取り組みが必要です。ヘイトスピーチに関していえば、国連が以前より、日本の状況に懸念を示し、日本政府に対して対処が勧告されていました。国内では、二〇一六年にヘイトスピーチ対策法が施行され、翌年二月には法務省が「〇〇人は日本から出ていけ」「〇〇人は海に投げ込め」「〇〇人は殺せ」といった言動は、ヘイトスピーチにあたるとガイドラインを出しています。神奈川県川崎市でも、公園や公共施設でのヘイトスピーチを事前に規制するガイドラインを同年一一月に策定しました。

こうした、政府や自治体の取り組みが大事な一方、ジャーナリストや専門家が指摘するのは、広告収入を断つという手法です。ヘイトスピーチを繰り返すようなサイトには広告を出さない、という広告業界の自浄作用が必要でしょう。また、私たちもつい興味本位で、大げさな見出しの記事をクリックしていないでしょうか。国レベルから個人レベルまで、あらゆるレベルで、フェイクニュースやヘイトスピーチの対策を講じていくことが重要です。

第三章　知りたい情報を求めて

1　気づかないうちに、インターネットが私たちに隠していること

インターネットでは、メディアが発信したニュースは一見、平等に並んでいるように見えます。なるほど、ポータルサイトやSNSをスマートフォンでのぞけば、多くのニュースが同じフォントの見出し、同じ大きさの場所で毎日、掲載されています。

しかし、その一本一本のニュースをよく見れば、伝統的な全国紙から、ゴシップ記事の多いタブロイド紙、不倫報道を連発する雑誌、とにかく速くて身軽なネットメディアまで、全く異なる性質のメディアのニュースがひしめき、そのニュースがどのような「背景」を持って書かれているかまではなかなか理解できません。しかし、私たちに今、求められているのは、あまりに膨大なニュースの海から、自分にとって「本当に必要な

情報」をどれだけピックアップできるか、というスキルです。

たとえば、大学生が企業に就職するために、希望する企業やその業界の評判、成長率などを調べようとする時、関連する記事を信頼性の高いメディアから選び、多く読み込まなければなりません。通り一遍の情報では、ライバルに勝てないでしょうし、運良く就職できたとしても、業界自体が斜陽になってしまっては、元も子もないのです。

人生で何か大事なことを考えたり、決定したりする前には、必ずこうした作業が発生します。まず情報を集め、取捨選択するのです。適切な武器を装備しなければ戦場で勝てないように、私たちは熟練の戦士のように武器を見抜き、選ぶ力が必要です。ネットリテラシーやメディアリテラシーという言葉をよく聞きますが、大部分はこのスキルのことだと考えて良いでしょう。

ところが、私たちには弱点があります。「確証バイアス」と呼ばれるものです。もともとは認知心理学や社会心理学の言葉で、自分の持つ仮説や心理的情況を検証する際、その仮説を支持、肯定する情報ばかりを信じてしまうことを意味します。

この「確証バイアス」は曲者《くせもの》で、ついニュースでも自分に都合の良い、耳触りの良いものばかり見てしまいがちです。第二章でも紹介した研究を覚えているでしょうか。

ハーバード大学バークマンセンター共同所長のヨハイ・ベンクラー氏や、MITシビックメディアセンター長のイーサン・ザッカーマン氏らが、「ブライトバート」という保守系インターネットメディアを分析したところ、その読者は他のメディアから隔絶した状態にありました。

ブライトバートは二〇〇七年に設立され、トランプ大統領の腹心と言われて首席戦略官兼大統領上級顧問まで務めたスティーブン・バノン氏が率いるメディアです。大統領選の時には、トランプ陣営に好意的な記事を多く発信していました。この研究では、トランプ大統領を支持する読者は、他のメディアのニュースよりもブライトバートが発信した記事を繰り返しTwitterやSNSでシェアしていたことが明らかになりました。

つまり、自分の好むニュースをひたすら集め、読み、ユーザー同士でシェアしあい、独自のメディア生態系を作り上げていたのです。実は、確証バイアスをさらに加速させる装置がインターネットにはあります。それが、「フィルターバブル」です。

この言葉を生み出したのは、アメリカの活動家、イーライ・パリサーさんです。彼が二〇一一年に著した『閉じこもるインターネット』（早川書房）によると、ある時、Facebook の自分のページから保守系の友人が消えていることに気づいたそうです。彼は保守系の人たちとは政治的な立場が違いますが、保守系の人たちの考えも知りたいと思い、わざわざ友人として登録していました。

「しかし、彼らのリンクがわたしのニュースフィードに表示されることはなかった」とパリサーさんは書いています。なぜなのでしょう？

ネットの進化してきた方向の一つが、ユーザーへの最適化でした。当たり前ですが、私たち一人一人の好みや考え方は違います。自分の見たいと思う情報や欲しいと思う商品があるｗｅｂサイトが「良いサイト」であり、当然のことながら多くのユーザー、つまりお客さんが集まってきます。

ですから、ｗｅｂサイトはそれぞれ異なるユーザーが見たいと思う情報をユーザーに合わせて提示するようになります。これが、「パーソナライズ」です。たとえば、街の大きな書店で本を買うのと、Amazonで本を買うのとでは、同じような行為に見えて、全く異なります。大きな書店では書店のルールや判断によって本が集められ、本棚に並んでいますが、Amazonの画面でさし出される本は私が今までAmazonで購入した本の履歴を参考に、Amazonが勧める本です。

このようにパーソナライズされたネット書店では、「私が読みたい本」はどんどん見つかるかもしれませんが、実は今まで知らなかった本や好みではないと思っていた本、「私が知らない本」との出会いを失っている危険性もあるのです。

しかし、パーソナライズはあらゆる大きなｗｅｂサイトに採用されています。その最たる例がGoogleやFacebookです。話を戻すと、パリサーさんのFacebook上から保守系の友人たちが消えたのは、彼が保守系の友人がシェアしてきた情報をクリックするよりも、自分に近い考えの友人がシェアしてきた情報をクリックすることが多かったことを、Facebookが把握しているからだろうと推察します。

ほとんどの人が気づかないうちに、情報の取捨選択を勝手にされてしまっているというわけです。これを、パリサーさんは「フィルターバブル」と名付けました。今やネットではパーソナライズされたフィルターが仕掛けられ、私たちはバブル（泡）に包まれているかのように、自分が見たいと思う情報だけに囲まれた「情報宇宙」に包まれることになる、と指摘します。

ネットで何か検索したり、ニュースを読んだりするだけでも、私たちの周りにはそれぞれ目に見えないフィルターバブルがあるのだと、まず知ることがとても大事なのです。

ストーカーのようにどのサイトを見ても出てくる広告の正体

インターネットは私たちが知らないうちに、情報を取捨選択している。そんな「フィルターバブル」のお話をしました。確かに、私たちは今、「自分が欲しいと思う情報」「自分が興味ありそうな情報」を容易に、PCだったらクリックひとつ、スマホだったらタップひとつで、無料で入手できます。

この「無料で」ということを、私たちはあまり意識したことがありません。しかし、うまい話にはだいたい「裏」があるものです。一体、なぜ私たちは日々、膨大なニュースや情報を「無料で」手に入れることができるのでしょうか？

答えは、それほど難しくはありません。ネットよりも歴史があり、基本的には無料のメディアである民間のラジオやテレビを見ればすぐに気づきます。そう広告です。

そもそも、私たちの生活には広告があふれています。テレビ、新聞、雑誌、ラジオという四大マスメディアと呼ばれるものの中だけではありません。電車の車内吊《つ》り広告、バスの車体に描かれた広告、映画館で本編上映前に流れる広告、ビルの屋上に掲げられた広告、ポストに入り込むチラシの広告、あちこちから届くダイレクトメールの広告……と広告を見ない日はないと言ってもよいぐらい、ありふれたものです。

そして近年、広告はインターネット空間にも進出し、進化していきました。従来、最も広告でお金がかけられていたのは、四大マスメディアでした。現在でも日本の総広告費の約四割を占めています。では、残りはどのようなメディアかといえば、二〇一〇年代に入ってからインターネットが伸び続け、今や四分の一にまで迫ろうとしています。

国内の広告最大手、電通が二〇一八年二月に発表した「日本の広告費」によると、二〇一七年における日本の全広告費は前年に比べて一〇一・六％、六兆三九〇七億円と伸びていました。しかし、四大マスメディアの広告費は前年比九七・七％と減っています。これは、三年連続の減少だそうです。

中でも、特に減っているのが、雑誌（同九一・〇％）と新聞（同九四・八％）です。歴史ある紙メディアの苦戦がここにもくっきりと現れています。

一方、躍進しているのがインターネット広告です。二〇一七年は前年比一一五・二％という驚異の伸び率。四年連続で二桁の伸びだそうです。広告費はついに一兆五〇〇〇億円を突破しました。もう少し細かく見ると、特に「運用型広告」と呼ばれるものの広告費が、前年比一二七・三％、九四〇〇億円にまで達していました。

「運用型広告」とは一体、どのようなものなのでしょうか。

私たちは色々なサイトに広告が貼られていると知っています。まったく興味のない商品の広告、あるいは、ちょっと前に自分が検索した商品やサービス（子ども服だったり、ホテルの予約だったり）が色々なサイトに出現して、まるで私の行動が誰かに筒抜けになってしまったような広告のこともあります。

前者は「予約型広告」と呼ばれ、従来のマスメディアと同じように、その枠に広告が常に「貼られている」もので、そのサイトを訪れた人たち全員が同じ広告を見ます。

後者は今、増えている「運用型広告」と呼ばれるものです。二〇一〇年代初め、これらの広告の割合は拮抗《きっこう》していましたが、今やこちらが主流になりつつあります。

「運用型広告」とは、ユーザーが興味を持っているジャンルや店舗、商品の広告をリアルタイムに表示していくことで、より購買を促進することができると期待されています。

ここで、大きな役割を担うのが「ターゲティング」という技術です。大手サイトであれば、どこでも利用しています。

『閉じこもるインターネット』の著者、イーライ・パリサーさんは本の中で、こんな例を取り上げていました。

「たとえば、ランニングシューズをオンラインでチェックしたが、結局買わずに終わったとしよう。このサイトがリターゲティングを採用していた場合、その店の広告――おそらくは買おうかと迷ったスニーカーの写真が入った広告――を、前日におこなわれた試合の結果やお気に入りのブログなど、インターネットのあらゆるところで見るようになる。その結果、誘惑に負けて商品を買ったらそれで終わりだろうか？　そんなことはない。その商品を買ったという情報がサイトからブルーカイに売られ、オークションにかけられる。これを買うのはスポーツ衣料のサイトだろうか。こうしてこんどは、インターネット上、どこへ行っても速乾性ソックスの広告を見ることになる。」

ブルーカイとは、ユーザーのさまざまなデータを集めている企業といえばよいでしょうか。PCやスマホの画面からは見えない場所で、私たちのデータは複雑にやりとりされ、私たちが閲覧するサイトには、私たちが購買しそうな商品・サービスの広告、パーソナライズされた広告が、まるでストーカーのように出現することになります。

パリサーさんは同時に、ターゲティング広告はGoogleやFacebookといった巨大なプラットフォームの大きな収入源になっているとも指摘しています。多くのニュースサイトも同じでしょう。ネットで配信される記事や情報は巨大プラットフォーム上でパーソナライズされ、表示される広告もターゲティングされ、ネット空間は私たちにとって、ますます居心地のよいものに作られているのです。

しかし、果たしてこれは「いい話」なのでしょうか。このフィルターバブルの弊害は、私たちの社会にとってとても深刻なものになりつつあります。

「無料で」ニュースや情報を入手できる代わりに、私たちは広告を見せられるだけでなく、自身のプライバシーや情報環境をオンラインで見知らぬ誰かに引き渡しているのです。

荒唐無稽に聞こえるかもしれませんが、平和な社会であれば問題なくても、一度、緊張感を孕《はら》んだ時にはそうしたデータが誰にどのように使われるのか。私たちはよくよく考えなければいけないのです。

2　人々を悩ます「デマ」をどう見分ける？

近年、どこかで大きな災害が起きると、あっという間にネット上で情報の流通量が増え、拡散していきます。それが顕著だったのが、二〇一一年三月一一日に発生した東日本大震災でした。

当時、Twitterはすでに多くの人たちに利用されており、未曾有の大災害でも緊急時の情報発信手段として、コミュニケーションツールとして、とても役立ちました。私は出産を控え、産休に入った直後、臨月の時に東日本大震災に遭いました。東京の自宅で徐々に激しくなる揺れに、その場で身を丸めて早く収まるよう、祈ることしかできませんでした。

揺れがいったん終息してから最初にしたのは、テレビをつけてニュースを見ると同時に、PCを開いてTwitterを確認することでした。当初は東北地方太平洋沖が震源であることや各地の震度ぐらいしか情報が入ってきませんでしたが、あちこちで停電したり、電車が止まったりといったライフライン、交通網の寸断が起きていることが、瞬時にネットで伝わってきました。

Twitterを使っていたのは、一部の人たちだけではありません。Twitter Japanが公表したデータによると、東日本大震災は、地震とその直後の津波の際に合計五回、一秒につき五〇〇〇ツイートを超えたことが確認されたそうです。また、家族や友人、知人の安否を確認するために日本国内から発信されたツイート数は、通常の五〇〇%にも達したといいます。日本にいるかなりの人たちが、その時Twitterにアクセスしていたわけです。

では、どのように使われていたのでしょうか。一つは、緊急時の情報発信です。消防庁では、地震発生から二〇分も経たないうち、一五時五分に最初のツイートをしています。震度七の大地震が発生し、大津波警報も発令されていることから、沿岸部の住民に注意を呼びかける内容でした。

その直後、「これより、消防庁災害情報タイムラインの災害時運用を開始します」として、次々に被害状況や津波への警戒、緊急消防援助隊の活動状況、福島第一・第二原子力発電所の避難指示などを発信、四月二二日までに二四〇回のツイートを行いました。テレビやラジオでは、リアルタイムで流れていってしまう情報も、ツイートという形で蓄積されれば、アクセスしやすくなりました（その甲斐《かい》あってか、震災前には三万人ほどだったフォロワー数も、四月二二日までには、約二二万四七〇〇人にまで増えていたそうです）。

Twitterが人命救助につながったこともありました。大津波に襲われた宮城県気仙沼市。保育所の園児たち七一人を含む約四五〇人が公民館の屋上や三階で孤立。二階まで津波が押し寄せ、周囲では火災も発生。その時、園児を一緒に引率していた障害者施設の園長がロンドンの息子さんに「火の海、ダメかも」と携帯でメールを送りました。

すると、息子さんが「せめて子供達だけでも」とTwitterで救助を要請。それが東京都の猪瀬《いのせ》直樹副知事（当時）の目に止まり、三月一二日未明に東京消防庁のヘリが出動、全員が無事に救われるという出来事がありました。

当時、リアルタイムでこのツイートを見ていた者としては、今思い出しても目頭が熱くなります。しかし、一方で、この時の猪瀬副知事の決断は、かなり難しいものだったろうとも思うのです。

なぜなら、災害時に必要な情報に混ざって必ず出現するのが「デマ」だからです。

一九二三（大正一二）年九月一日、関東大震災が発生しました。首都圏で死者約一〇万人、日本の地震災害史上最大の被害となりました。地震後も火災が広がり、インフラが寸断され、人々は脅かされていました。

内閣府の防災情報のページをみると、関東大震災の記録がまとまっています。その中に、「流言蜚語《ひご》と都市」という一節があります。当時も「富士山が爆発している」「井戸に毒が入れられた」といった流言、つまりデマがとても多く流布し、落ち着くまでには一カ月以上かかったらしいことがわかります。

今も昔も、人はデマを作り出し、流し、拡散させるもののようです。ですから、あらかじめ私たちの周りの情報には、特に災害時や緊急時のどさくさにまぎれ、デマが含まれていると考えていた方がよいでしょう。

先ほど、東日本大震災で消防庁がどのようにTwitterを活用していたかについて触れましたが、同時に「サーバールームに閉じ込められているというツイートがあったので確認したところ、異常が確認できなかった」(これは後に悪質なデマだということが判明しています)など、情報の信憑性《しんぴょうせい》が運用の課題として指摘されています。

猪瀬さんは、気仙沼への救援に踏み切った理由を、「ディテールがあるので事実だと判断、伊藤防災部長に大至急、副知事室に来てくれと電話。部長は九階の防災センターから六階まで走ってきた。ツイッターを見せた。即座にやりましょうと言った」とツイートしています。この決定は、ツイートを事実だと見抜くリテラシーで裏打ちされていました。

デマには魅力といってよいのかわかりませんが、人の関心を強く惹《ひ》きつける何かがあります。不安を煽《あお》ったり、興味を引いたり、「まだマスメディアではニュースになっていないけど、これは最新の情報だ」という触れ込みがあれば、余計にその情報を拡散したくなるものです。

熊本震災で流れたライオンのデマ

デマには、思い込みや勘違いで誤った情報を流してしまうケースと、騒ぎを起こしたい、注目を集めたいという理由でわざと誤った情報を作って流すケースがあります。悪質なのは、後者です。

有名なデマがあります。二〇一六年四月一四日に発生した熊本地震の際、Twitterで「おいふざけんな、地震のせいで　うちの近くの動物園からライオン放たれたんだが熊本」とツイートした二〇歳の男性がいました。これは二万回近くリツイートされ、熊本市動植物園には問い合わせの電話が殺到したそうです。

ところが、このツイートは悪ふざけでした。男性は後に熊本市動植物園の業務を妨害したとして、偽計業務妨害容疑で逮捕されています。災害時のデマは混乱を招き、ただでさえ対応に追われている関係者や関係各所の時間を奪い、他の対応へ影響を与えかねません。あまりに悪質な場合は、刑事的責任も問われるようになっています。

私たち自身も、「拡散したくなるような情報」に出合った時こそ、一拍おいて冷静になる必要があるでしょう。また、デマをデマと見抜くコツのようなものもあります。

たとえば、東日本大震災では、「市原コスモ石油火災で有害物質の雨が降る」というデマが拡散していましたが、コスモ石油の公式サイトがこれを否定。デマは鎮火しました。匿名のアカウントが発信した情報よりも、組織の公式情報をまず確認することが、基本的な手法です。

それ以外にも、熊本地震の際に拡散されたライオンの画像は外国のものでしたが、これもGoogleの画像検索などを利用すれば、オリジナルのものか、他のサイトから拝借したものかが即座にわかります。

デマを作ったり、それを拡散したりするのは、本当に簡単です。しかし、そのデマによって、多くの人に影響を与え、場合によっては傷つけ、命にも関わる事態に発展します。デマを作らないのはもちろんのこと、デマをデマと見抜き、それ以上の拡散を止める責任が、私たちユーザーにはあるのです。

しかし、関東大震災でも人々を悩ませたデマは、なかなか根絶できません。二〇一八年六月一八日に発生した大阪北部地震では、「シマウマが脱走した」というデマがTwitterで流れていました。おそらく、熊本地震の際の「ライオンが逃げた」というデマを模倣したいたずらだと思われます。

デマについて再考するとともに、今回のシマウマはライオンほど拡散していなかったところをみると、少しずつ私たちユーザーも学んでいるのだろうと期待も生まれてくるのでした。

3 検索で並ぶ情報は、本当にほしい情報ではないかもしれない

フェイクニュースやデマから逃れられたとして、私たちがほしい情報はどこにあるのでしょうか。世界一の検索エンジンを誇るGoogleで検索すれば見つかるのでしょうか。

アメリカのトランプ大統領は二〇一八年八月、ある不満をTwitterでぶちまけました。Googleで「Trump News」（トランプ　ニュース）を検索してみると、「悪いニュース」が表示されるというのです。

「悪いニュース」とは、トランプ大統領に批判的な立場であるメディアのニュースで、それらが検索の上位に来て、トランプ大統領に好意的な立場であるメディアのニュースは下の方に来る、という意味でした。トランプ大統領はGoogleが不正操作を行なっていると主張しました。

これに対し、Google側は声明を出し、「偏りはない」と反論しました。この件であらためて明らかになったのは、Googleでは検索エンジンのアルゴリズムを年数百回も改善しているということでした。アルゴリズムとは、問題を解決するときの手順や方法で、プログラミングを作成する時の基礎になります。

Googleは検索エンジンのアルゴリズムの詳細を明らかにはしていませんが、ネット上にあるあらゆる情報を自動プログラムによって巡回し、たとえば、より多くのサイトからリンクされているとか、より人が滞在しているサイトを上位にするなど、順位づけをしているとされています。

つまり、トランプ大統領のニュースに関していえば、多くの人がどちらかといえば、批判的なメディアの記事を長い時間読んでいる傾向がある、ということだと予測されます。必ずしも、トランプ大統領に批判的なニュースばかりを選んで、上位づけしているというわけではない、というのがGoogle側の主張でしょう。

ただ、トランプ大統領ではありませんが、Googleの検索の上位に来るかどうかは、その情報に関わる人たちにとっては死活問題です。ネット上に存在していても、検索で見つけてもらえなければ、その情報は死んでいるも同然だからです。かつてインターネットが普及し始めた時は、私たちは期待しました。あらゆる情報をネット上で俯瞰《ふかん》することができる。情報はきれいに並列化されて、私たちは自由にその中から必要なものを自分自身の手で選び取ることができると。

しかし、その予想は甘かったようで、現在、世界ではGoogleのような検索サイトが情報の取捨選択を行なっています。こうした、検索サイトのあり方を疑問視する人は以前からいます。「Google八分」という言葉をご存知でしょうか。村八分と引っ掛けた造語で、Google側がその情報を「わざと」検索に出てこないようにすることです。「Google八分」、つまり検索リスト外しはさまざまな理由から行われています。

最もわかりやすいのは、著作権侵害があると著作権者から報告されたサイトを、Googleが検索リストから外すことでしょう。これは、アメリカのデジタルミレニアム著作権法（DMCA）という法律に基づく手段で、日常的に行われています。

たとえば、二〇一八年二月、人気ゲーム「艦隊これくしょん－艦これ－」のTwitter公式アカウントが凍結される騒ぎがありました。一日で復活しましたが、一三〇万人以上のフォロワーがいるアカウントだっただけにユーザーへの影響は大きかったです。

これは、DMCAの手続きにのっとって、「艦これ」の公式アカウントが使用している画像が自分の著作権を侵害しているという訴えがなされたため、Twitter社が即座に凍結したというものでした。もちろん、著作権侵害の事実はなく、実在の法律事務所の名前を騙《かた》った虚偽の申請であることがわかり、すぐに凍結は解除されました。Googleでも同様に、ＤＭＣＡに基づく申請があれば、検索リストから除外するということを行なっています。

また、その国によっても異なります。よく知られているのが、規制が厳しい中国です。一九八九年六月、北京の天安門広場で民主化を求める学生や市民が集まったものの、中国人民解放軍が武力で制圧、多数の死傷者が出る事件がありました。アメリカ版や日本版のGoogleで「天安門」の画像検索をすると、天安門広場の写真とともに、威圧的な戦車が並ぶ天安門事件の画像もヒットします。しかし、中国版のGoogleで同じことをしても、天安門事件ことはまったく出てきません。

検索という手段によって、Googleは世界にあふれる情報を良くも悪くも統括しているのです。

「肩こり、幽霊が原因のことも?」という記事が書かれた理由

日本でも、ずっとこのGoogleによる検索の問題が指摘されてきました。Googleのアルゴリズムを逆手に取り、よく検索される言葉を散りばめた記事を大量生産することで、たとえ信頼度の低いサイトであっても上位に食い込めるという現象がありました。特に、低コストで確度の低い情報を掲載したキュレーションサイトと呼ばれる、情報の寄せ集めたサイトが横行し、正しい情報や役立つ情報を得たいと考えるユーザーの不満は高まっていました。

そうした中、二〇一六年一一月、日本のネット史上に残る大きなニュースが駆け巡りました。

DeNAが運営する健康・医療情報サイト「WELQ」「WELQ」の全ての記事を非公開にすると発表したのです。「WELQ」は二〇一五年一〇月にスタートしたサイトで、「ココロとカラダの教科書」がキャッチフレーズでした。

ニールセンの発表によると、二〇一六年七月の利用者数は六三一万人、直近三カ月で二倍もの利用者を集める勢いで急成長。確かに、一時期、病気や健康などに関する言葉を検索すると、「WELQ」に掲載されていた記事が、大量にヒットするという状況がありました。非公開になる前には、閲覧数が月間二〇〇〇万を超えていたといいますから、大手サイトといっていいでしょう。

急成長した理由は、DeNAが検索エンジン最適化（SEO）をとても意識したサイト運営をしていたためです。たとえば、Googleで現在、よく検索されているワードを見出しに多く使ったり、検索エンジンがピックアップするような長文の記事を作ったり、画像を多用することでスクロールに時間をかけてもらって記事内での滞在時間を増やしたり、といった手法です。そうした手法によって、外部のライターを使った記事を一日一〇〇本以上、公開していました。

しかし、SEOや効率を過度に意識したため、「WELQ」は歪んだ運営となっていました。記事の中には、いい加減で医学的な裏付けに欠けるなど、トンデモな内容が少なくなく、一歩間違えば健康に影響を及ぼす情報だけに、専門家やユーザーから多くの批判が寄せられていました。

たとえば、二〇一六年八月には「肩こりがひどいのは病気が原因?」という記事で、「幽霊が原因のことも?」と書かれていました。「肩の痛みや肩こりなどは、例えば動物霊などがエネルギーを搾取するために憑《つ》いた場合など、霊的なトラブルを抱えた方に起こりやすいようです」などと説明され、科学的根拠がないと多くの指摘がされました。

なぜ、こんな記事ができあがってしまったのでしょうか。

DeNAは「WELQ」以外にも、キュレーションサイトを運営しており、いずれも記事の作成プロセスに問題が指摘されていたことから、弁護士で構成する第三者委員会による調査を行いました。二〇一七年三月に公表された調査報告書によると、記事構成案の作成担当者がGoogleで「肩が痛い」というキーワードで検索したところ、予測キーワードの一つに「霊」が表示されたそうです。そこで、担当者は「肩こりの原因」をテーマとする記事の小見出しの一つに、「幽霊が原因のことも?」という項目を盛り込んで記事構成案を作成しました。つまり、この記事はSEOを意識して作成された記事構成案がもとになっていたのです。

調査委員会は「SEO施策の観点が過度に重視された結果、記事内容の合理性等がおろそかにされていた」「ユーザーには、深刻な病状を抱えて悩み、まさにすがるような思いで記事を閲覧している者がいることが想定されるところである。したがって、DeNAは、SEOを意識した記事の作成を重視するあまり、ユーザーに対する配慮を欠いた記事が掲載される可能性があることを真摯に受け止める必要がある」と指摘しています。

他にも、日焼けした後の対処法として、「濡《ぬ》れタオルで二〇分ほど冷やしましょう」という記事も問題になりました。この記事には、「氷による冷やし過ぎで、水ぶくれができてしまう可能性がありますので、流水、もしくは濡れタオルで二〇分ほど冷やしましょう」と説明されていました。

これは、ある医師のブログの「冷やし過ぎによって水泡ができることもありますので、先ずは流水で二〇分以上クールダウンさせましょう」という記載と、別の医院のサイトにあった「一五℃前後の水道水で約三〇分冷却して下さい。（中略）顔面は、タオルの上から氷嚢《ひょうのう》を当てるとよいです」という記載をつぎはぎしたものでした。複数の医療情報を無断で、しかも専門家の監修もなく、つなぎ合わせて記事を作成した結果、誤った医療情報が掲載されるという事態になりました。

結局、ＤｅＮＡは「ＷＥＬＱ」の再開を断念。ともに非公開となっていた他のサイトも、ほとんどが閉鎖されました。調査報告書によると、画像七四万件に著作権侵害の疑いがあったとされています。ＤｅＮＡは二〇一七年五月に決算を発表しましたが、キュレーション事業は二八億円の営業損失だったそうです。

Googleが日本独自にまとめサイト対策

二七〇ページにも及ぶ調査報告書では、ＤｅＮＡが運営していたさまざまなサイトの問題が明らかになりました。慢性的なチェック体制の不備や人材の不足がありながら、いかにSEOに特化した記事を大量生産してユーザーを獲得するかだけに終始し、記事一つ一つに対する監督が行き届いていませんでした。

言うまでもなく、ネットメディアにおける「キュレーション」とは、必ずどこかに「一次情報」が存在します。「WELQ」の場合、それは厚労省や病院、学会、製薬会社のコンテンツだったり、医師のブログだったりしました。しかし、専門家ではないライターに安易なコピペを禁じる一方、「長文」や「SEO」といった条件を求めたことから、複数の一次情報を乱暴につなげてしまったことが問題でした。いちがいにキュレーションが悪いわけではなく、一次情報を集めてきてまとめるにしても、著作権法の許す範囲に基づいた引用や、出典を明らかにした上での紹介、画像の著作権者の許諾を得るといった適切なプロセスを踏んでいればよかったはずです。

「WELQ」問題が炎上する中、Googleは公式ブログで二〇一七年二月、こんな発表をしました。「日本語検索の品質向上にむけて」というエントリーでは、「Googleは、世界中のユーザーにとって検索をより便利なものにするため、検索ランキングのアルゴリズムを日々改良しています。もちろん日本語検索もその例外ではありません」として、その週にサイトの評価方法を改善し、「検索結果のより上位に自ページを表示させることに主眼を置く、品質の低いサイト」の順位が下がるようになったと説明しました。

「WELQ」はすでに閉鎖されていましたが、他にも同様のキュレーションサイトやまとめサイトは横行しています。この検索アルゴリズムのアップデートは、そうした信頼度や品質の低いサイトへの対策が意図されていました。現在も、その方針は続いているようです。

「WELQ」があそこまで大きな問題となったのは、命や健康に関わる情報に関する誤った情報を大量に掲載していたからでした。普段、私たちは何か困った時、ついネットで解決方法はないか、気軽に検索してしまいます。しかし、それが本当に正しい情報なのか、どこから来ている情報なのかを見極めなければ、どんな情報であっても危険がないとは言えません。

痛ましい事件がありました。二〇一七年三月、東京都足立区で生後半年の赤ちゃんが死亡しました。原因は、ハチミツに含まれていたボツリヌス菌による「乳児ボツリヌス症」でした。統計で確認できる一九八六年以降、全国で初めての死亡例となってしまいました。

ハチミツを一歳未満の赤ちゃんに与えてはいけない。これは、出産したり、乳幼児を育てている人にとっては「常識」であり、子育て経験のない新米の両親でも、母子手帳の記載や産院の指導、あるいは小児科のサイトなどで知る機会はある情報です。しかし、亡くなった赤ちゃんの家族はそれを知らなかったといい、離乳食としてハチミツを混ぜたジュースを毎日、我が子に与えていました。

二〇一七年四月にこの事件が報じられると、批判を受けたのが、料理レシピサイト「クックパッド」でした。「クックパッド」は今でもレシピを検索しようとすると、必ず上位にくる大手サイトです。しかし、当時「離乳食　ハチミツ」などと「クックパッド」を検索すると、実に一四七件ものレシピがヒットしました。中には、きちんと「一歳未満のお子さんには控えて下さい」という注意書きのあるレシピもありましたが、まったくないものも見られました。

亡くなった赤ちゃんの家族が、クックパッドのレシピを利用していたかは明らかになっていません。しかし、ネットで気軽に検索した時に、誰もがたどり着いてしまう状態にあったことは確かです。その後、クックパッドは一歳未満の乳児にハチミツを与えないよう注意喚起してきたことをあらためて広報、レシピの再確認をするとしました。

私たちがネットを使って何かを知ろうとする時に気をつけなければならないのは、検索して上位にきている情報だから正しいとか、大手サイトに掲載されている情報だから安心とか、そういう思い込みは捨てなければならないということです。ネットには情報があふれていますが、自分が本当に欲しいと思った、必要だと考えている情報が必ずしもそこにあるとは限らないのです。

私たちがまず目にする情報は、Googleの検索アルゴリズムによって取捨選択されたもの、あるいは、SEO対策がうまくいったサイトに掲載されているものが多いからです。もちろん、全てが誤った情報であるとは言いません。たとえば、現在「肩こり　原因」とGoogleで検索すると、医師によるコラムや学会のページがヒットします。それらはかなり信頼度の高いものでしょう。

検索をすることは悪いことではありません。ただ、流れて来た情報を鵜呑《うの》みにせず、どれがどこからなんのために発信されたものか、見極めることが大事です。

「それって、ソースは?」の「ソース」ってなんだろう?

何かSNSで何かを発信すると、たまに他のユーザーから「それって、ソースは?」と聞かれることがあります。ソースより醤油《しょうゆ》の方が好きなんだけど……という親父ギャグはぐっと我慢して、ここではよくネットで登場する「ソース」とは一体どのようなものなのか、少し考えてみましょう。

これまで、インターネットでいかに情報の流通経路が複雑化していて、その中にはいかにフェイクニュースやデマ情報が多く流れているかをお話してきました。ネットの検索を上手に使いこなせているようでも、実はGoogleなど検索サイトを運営する企業がすでに取捨選択したものを、あちらのルールに従って並べていることもお伝えしました。

「ソース」とは、流通経路で真偽や詳細がわからなくなってしまった情報の発信源のことです。伝言ゲームによく似ていて、最初の人から次の人、さらにその次の人へと話が伝わって行く過程で、ちょっとした単語や表現が変わり、最終的にはまったく違う話になってしまうことは、よくあります。

情報の流通経路でも同じことが起こり、気づいたらデマだった、なんてこともあるので、ちょっと疑い深いネットユーザーは、その「ソース」、つまり最初の人の話を知りたがるのです。

では、どうやったら、情報の「ソース」を確認できるのでしょうか。

いくつかの方法があります。私たち記者が取材先でちょっと聞きかじった話や、ネットで見かけた気になる話、つまり不確かな情報が本当かどうか、確認をしようとする時、一番早いのはその情報を持っている人や組織の担当者に直接、聞くことです。

メディアの記者やジャーナリストの場合は、「取材」と呼ばれる行動にあたります。特に、リアルタイムで刻々と変わる情報を得るには、最も適した方法です。ただ、これにはプロとしてのコツのようなものもあり、取材を行うにはある程度の訓練が必要になってくると思います。

ただ、今は政府や官庁、自治体、企業など、ある程度の組織が、自身で公式ホームページやSNSなどを利用して、情報を発信する場合もあるので、そうしたものを探してみても良いかもしれません。自分たちの都合に悪いことは積極的に広報しない傾向にあり、報道されてからあわてて広報するケースも多いので、やはり、メディアによる取材は必要でしょう。

余談ですが、新聞社の新人記者は、伝統的に地方の警察取材をまず担当させられることが多いです。事件や事故の現場、さらに警察という組織はとても取材が難しいと言われ、そこを数年間経験することで、取材の基本を叩《たた》き込まれます。そうやって、新聞社ではたくさんの新人を効率よく、一人前の記者に育成してきました。

さて、「ソース」となる情報から、ネットで流布する噂話《うわさ》まで、流通段階で情報の「質」も違っています。

「ソース」つまり、メディアの記者やジャーナリストが取材するような情報は、「一次情報」と呼ばれます。たとえば、政府や省庁、自治体などの公的機関が自ら、発信した情報も「一次情報」とされます。事件や事故に遭遇した人の証言も、「一次情報」でしょう。

さらにそれを、ニュースや記録として、メディアが発信します。これが「二次情報」です。ここまでが、よくネットで「ソース」と言われるものです。これらの情報は、人間のすることですから、間違いや意図的な変更が含まれることがあり、すべてがそのまま事実であるとは言い切れませんが、メディアの情報は、プロとして訓練を受けた記者やジャーナリストによる、ある程度確度の高い情報であることは間違いないです。

情報の流通経路に放たれた「一次情報」や「二次情報」はその後、どうなるのでしょうか。「一次情報」「二次情報」を知った人たちは、さらに他の人たちに何らかの手段で伝えようとします。たとえば、職場の世間話だったり、メッセンジャーだったり、SNSでの書き込みだったり。これらは「三次情報」と呼ばれ、一般的に情報としての信頼性が低くなる傾向があります。

ネット上に流れている情報の多くも、「一次情報」に基づいて事実を伝えようとする「二次情報」に比べ、自分の考えや感想を交えた「三次情報」です。ですから、その真偽を求めて、ユーザーが「それって、ソースは？」と尋ねるのです。

もしも、ソースを確認したいのであれば、まず自分が得た情報は一体、「何次情報」なのか、見極めることが大事です。もしも、「三次情報」だったら、できる限り「一次情報」や「二次情報」を見つけてみましょう。「二次情報」は、同じようなものが複数あると、ダブルチェック、トリプルチェックが可能になり、より確度が高くなります。

情報を探し始める時、必ず出会うウィキペディア

では、実際に何か知りたい、調べたいと思った時、どこから探せばよいのでしょう。少し前なら、分厚い百科事典を本棚から引っ張り出してきたのでしょうが、今、多くの人が試してみるのが、言うまでもなくインターネットの検索です。

たとえば、「一九世紀の日本」について知りたいと思い、「一九世紀」「日本」とGoogleで検索すれば、それがあなたにとって適切かどうかはわかりませんが、とりあえず関係する情報がずらりと並びます。

その中で、きっと上位にあるのが、ウィキペディアでしょう。ウィキペディアは、無料のオンライン百科事典です。その自己紹介を見ると、「信頼されるフリーなオンライン百科事典、それも質・量ともに史上最大の百科事典を、共同作業で創り上げることを目的とするプロジェクト、およびその成果である百科事典本体です」とあります。

「一九世紀の日本」を調べようと思うと、ウィキペディアには「一九世紀」という項目と、「日本史時代区分表」という項目があり、それぞれ概要が説明してあります。「一九世紀(じゅうきゅうせいき)は、西暦一八〇一年から西暦一九〇〇年までの一〇〇年間を指す世紀」などです。ものごとの概要をざっと摑みたいと思った時、本当に便利な百科事典です。

ウィキペディアはもともと、アメリカのジミー・ウェールズが二〇〇一年に個人的なプロジェクトとして立ち上げ、二〇〇三年からは非営利団体「ウィキメディア財団」によって運営されています。現在では、二五〇を超える言語で展開されており、その運営は広告収入ではなく、寄付によって賄われています。ウィキペディアのページを見ようとすると、時たま、ジミー・ウェールズから寄付を呼びかけるメッセージが表示されることは、ユーザーの間ではよく知られている風物詩のようなものです。

ウィキペディアは英語版でスタートしましたが、日本語版もすぐに作られました。ウィキペディアは寄付で運営されているといいましたが、項目の編集もボランティアで行われています。日本語版は活動も活発で、各言語版の中でも規模の大きいものの一つになっているそうです。

二〇一八年三月には一一〇万項目を達成。二〇一八年一月に一〇年ぶりに改定されて話題となった、日本で最も有名な辞書のひとつ「広辞苑《こうじえん》」（岩波書店）でも二五万項目といいますから、どれだけ多くの項目がウィキペディアで説明されているのかと、驚きます（もちろん、多い方が優れていると単純にいってるわけではなく、あくまで規模の比較です）。

さて、ウィキペディアはとても便利なのですが、その使い方がしばしば議論になります。その一つが、コピペ問題です。ウィキペディアが便利なあまり、大学生らがレポートを書く際にテキストを転載、つまり、まるまるコピペしてしまうということがしばしば起こりました。

もちろん、大学の先生たちも調べればすぐにわかりますし、コピペがすぐにわかるツールも開発されて、今では難しくなっていると思いますが、いまだよくある話です。

なお、ウィキペディアの利用問題は別に若い学生に限ったことではなく、大人でもしばしば起こります。最近ですと、岡山県議会議員一三人が公費で海外視察にいった際に作成した報告書で、ほとんどの報告書に共通する文章があり、それがウィキペディアなどからコピペされていたと二〇一八年一月、毎日新聞が報じました。毎日新聞の取材に対し、「時間の節約になる」と回答した議員もいたそうです。

他にも、二〇一八年に出版された百田尚樹《ひゃくたなおき》さんの『日本国紀』（幻冬舎）で、ウィキペディアなどと類似する文章があると指摘が出て、炎上騒ぎとなりました。百田さん自身も執筆にあたってウィキペディアを参考にしたことは認め、「ウィキから引用したものは、全体（五〇〇頁）の中の一頁分にも満たないものです」とツイートしました。

結論から言えば、ウィキペディアはある条件のもと、二次利用が可能です。ウィキペディアには、「ウィキペディアを二次利用する」という項目があり、こんな説明がされています。

「ウィキペディア上の素材は、しばしば「著作権フリー」であるといわれます。確かに、既存の百科事典、市販の百科事典の素材に比べれば、自由な二次利用が可能です。しかし、「著作権フリー」が、著作権が放棄されている状態（パブリックドメイン）、または著作物の二次利用に際して一切の条件が付されない状態にあることを意味するならば、ウィキペディア上の素材は原則として「著作権フリー」ではありません。その二次利用には法律上のルールが存在します」

一方で、「ウィキペディア上の素材を不適切に二次利用すると、著作権を侵害するおそれがありますので、ご注意ください」とも書いてあります。つまり、他の百科事典に比べれば自由度が高いものの、なんでもかんでも許される、というわけではないのです。ウィキペディアも、各国の著作権法に守られています。

コピペ問題に関して言えば、少なくとも他の著作物同様、ウィキペディアの項目に書かれている文章を引用する際には、きちんと出典（ウィキペディアのどの項目にその文章があるか）を明らかにすることが必要でしょう。

また、適切な引用も大事です。きちんとその文章の表現上、引用する必要性があるかどうか、本文と引用文の区分がきちんとされているかどうか（自分の文章のように使ってはいけないということ）などです。これらを適切に行っていれば、ウィキペディアの二次利用は問題ないでしょう。

それから、もう一つの問題は、そもそもウィキペディアを参考にしていいのか、ということでした。適切な引用ではない、まるまるコピペは論外にしても、レポートや論文の参考文献として、ウィキペディアを挙げる人が若い世代を中心に増えてきています。

しかし、これに対して懸念を示す人も少なくありません。その理由には、信頼性が挙げられます。不特定多数の人が編集したウィキペディアは信用できない、というものです。これはどう考えたらよいのでしょうか。

私も仕事で調べものをする時に、概要を摑むためにウィキペディアを利用します。中には、とても詳細に書き込まれている項目もあり、とても参考になります。ただ、その情報をそのまま利用するより、その情報の出典元の資料が明らかにされていることが多いので、できるだけ資料にあたるようにします。

逆にいえば、出典元が明らかではない情報は、鵜呑みにはしません。なぜなら、ウィキペディアに限らず、三次情報よりは二次情報、二次情報よりは一次情報の方が、情報としての確度が上がることが多いからです。先ほどお話しした「それって、ソースは？」の姿勢ですね。

ウィキペディアはすばらしい項目がある一方で、客観性に欠ける独自の解釈が書かれているものがあったり、もともと議論がある項目については対立する両派の編集合戦が行われていて流動が激しかったりと、当然のことながら、良質なものとそうでないものがあります。ただ、これもウィキペディアに限らず、紙媒体でも起こりうることなので、ウィキペディア＝信用性が足りないと断言するには早計かな、とも考えています。つまり、二次利用の方法をきちんと守り、掲載されている情報の質を見極めることができれば、ウィキペディアを使うことは問題ないと思います。

今、ウィキペディアではオンライン以外でもユニークな取り組みをしています。「ウィキペディアタウン」というイベントが、全国各地で開催されているのです。二〇一二年にイギリスでスタート、日本では二〇一三年に横浜市で最初に開かれました。

どのようなものなのか、私が説明するよりも、ウィキペディアの説明を引用しましょう。

「ウィキペディアタウンとは、その地域にある文化財や観光名所などの情報をインターネット上の百科事典「ウィキペディア」に掲載し、さらに掲載記事へのアクセスの容易さを実現した街（町）のことである」。また、「二〇一八年現在、日本においては街（町）そのものを指す語句よりも、ウィキペディアを編集するイベント（エディタソン）を「ウィキペディアタウン」と呼ぶことが定着しつつ」あるといいます。

みんなで町歩きをして地域の文化財や観光名所などの情報を調べ、ウィキペディアを編集、その町について情報発信するというものです。地元の図書館と連携して行われることが多く、マスメディアが見過ごしていた地域の情報を掘り起こすことで、地域活性化にもつながると期待されています。

こうした取り組みは注目を集め、ウィキペディアタウンは二〇一七年、先進的な図書活動を表彰する「ライブラリー・オブ・ザ・イヤー」の優秀賞に選ばれました。「地域情報資源を活用した公共情報資産の共創活動」が評価された結果です。ウィキペディアは、今後も一つの知のインフラとして、その存在はますます重要になるでしょう。

4　図書館へ行ってみよう

何か調べようとした時、その入り口としてネットでウィキペディアを見ることは、とても便利です。小説や映画を楽しむ前に「あらすじ」を読むようなもので、私たち記者でも、物事の概要をつかむため、たまに実践する方法です。ただ、ウィキペディアといえども、項目によっては信頼度があまり高くなかったり、情報量が少なかったりする場合があります。

では、もっと情報が必要だと思った時に、どこへ行けばよいのでしょうか？

私がまずおすすめするのが、図書館です。図書館には本を中心としたさまざまな情報が集まっている上、誰もが無料で利用できる知のインフラです。誰もが一度は利用したことがある身近な施設でもあります。ここを使わない手はありません。

実際に、図書館にはどんな情報があるのかみてみましょう。

たとえば、山梨県甲州市で作られている「勝沼ワイン」について知りたいと思ったとします。まず、ネットでウィキペディアを見ると、ちゃんと項目がありました。「勝沼ワイン（かつぬまワイン）とは、山梨県甲州市の旧勝沼町地域で作られているワイン」というシンプルな説明から始まり、勝沼地域の地形や気候がブドウの栽培に適していて、江戸時代から「甲州」というブドウの栽培が行われていたこと、明治時代になって勝沼地域から二人の若者がフランスに派遣され、ワインづくりを学んで帰国、甲州ワインが広がっていったことなどが説明されています。

その全文字数は約六〇〇字です（二〇一八年一二月現在）。これぐらいの分量の文字はコンパクトで読みやすく、必要最低限の情報がぎゅっと詰まって、わかりやすくもありました。しかし、学校の夏休みの研究や大学のレポートを書くには、情報が不十分です。

もっと勝沼ワインについて知りたいと思った時は、どうすればよいのでしょうか。実は、ワインのプロたちも情報を求め、通ってくる図書館があります。甲州市にある勝沼図書館です。

甲州盆地に位置する甲州市勝沼町を訪れると、なだらかな扇状地に美しいブドウ畑が広がっています。勝沼は、日本でも江戸時代から続く有数のブドウの産地であり、明治時代以降は多くのワイナリーでワインがつくられている町です。

そんな町に一九九六年、オープンした勝沼図書館には現在、一二万冊ほどの蔵書がありますが、そのうち三万冊がブドウとワインの資料です。実に、四分の一を占めています。ウィキペディアの六〇〇字に比べて、どれだけの量の情報がこの図書館に集まっているか、おわかりになるでしょうか。勝沼図書館のこのコレクションは国内随一であり、地元のブドウ農家や醸造家だけでなく、県外からもソムリエやワイン関係者のプロたちが訪れ、調査していくほどです。

現地を訪れてみると玄関には「甲州ワイン 読めます」という素敵なキャッチコピーが書かれた看板が立っていました。館内を少しご紹介してみましょう。

勝沼図書館は開館当初から、地域の根幹産業であるブドウやワインの資料収集するという方針を明確にしてきました。館内のガラスケースには、ブドウやワインに関する貴重書が並んでいます。その中の一冊には、高野《たかの》正誠《まさなり》著「葡萄《ぶどう》三説」(一八九〇年)という、金色の葡萄の箔押しが美しい本がありました。

高野正誠は、かつての祝村《いわいむら》（現・甲州市勝沼町）から、土屋《つちや》龍憲《たつのり》とともに明治一〇（一八八七）年、ワインづくりの技術を学ぶために、フランスへと派遣された青年。二人が帰国して勝沼のワインづくりが始まりました。この「葡萄三説」の草稿も図書館ではデジタル所蔵されていて、国立国会図書館にもない貴重な資料です。

こうした資料以外にも、最新の海外のワイン雑誌や会員でないと入手が難しい業界雑誌も並んでいます。勝沼の醸造家の人たちは、消費者にとってより魅力的なワインをつくるため、ワインとブドウの歴史だけでなく、世界の動向を知るために図書館を訪れるのです。

コレクションの中には、新聞記事のスクラップとワイナリーごとの資料もあります。開館当時から、毎朝新聞をくまなくチェックして、ワインやブドウに関する記事を見つけると、翌日にコピーを取って集めているそうです。ワイナリーごとの資料は、飛行機会社の通販誌や雑誌の付録など、書籍の流通ルートではなかなか入手しづらく散逸しがちなものを丁寧に集めてファイル。勝沼を訪れたワイン好きの観光客がワイナリーの歴史を調べる時などに役立っています。

また、図書館は企画展などを通じてブドウ農家やワイナリーとも密な関係を築いていて、どのような情報が必要とされているのかを把握するとともに、元の若手醸造家と一緒にワインの試飲イベントを開くなど、図書館自体が最新情報の発信源にもなっています。まさに、情報が集積され、発信されるハブのような存在なのです。

司書に聞いてみよう

しかし、よく聞くのが、図書館に行ったものの、膨大な本を前にして調べ方がわからないという話です。こういう場合は、何を手がかりにしたらよいのでしょうか。最初にイメージしておくと便利なのが、司書が本や資料の整理・管理に使っている分類である「日本十進分類法」（NDC）です。国内にある多くの図書館で採用されています。

図書館で借りた本の背表紙などに、三桁の番号が書いてあるのを見たことはありませんか？

何万冊、何十万冊という本を扱う図書館では、こうした番号を本につけて管理しています。たとえば、「文学」なら九〇〇番台になっているはずです。二桁目でさらにジャンルが分けられます。九一〇番台なら「日本文学」、九五〇番台なら「フランス文学」というふうです。さらに三桁目では、そのジャンルの中でどのような種類の文学なのかが分けられていいます。「九一一」なら「日本文学の詩歌」、「九一三」なら「日本文学の小説・物語」といった具合です。

多くの図書館の本は、このＮＤＣの番号に従って本棚に並べられています。ですから、このＮＤＣが頭の中でイメージできていれば、たくさんの本が並ぶ図書館でも、あまり迷わず本を探せるようになります。また、返却された本を本棚に戻す時にもこの番号があれば迷子にならないわけです。

しかし、資料の量や種類が増えるほど、この三桁だけでは足りないことがあります。より細かく分類するために、勝沼図書館ではブドウとワインの資料にＮＤＣではなく、独自の分類を用いています。

たとえば、ブドウやワイン関する資料は「W」がつけられます。そこからさらに三桁の分類があります。二〇〇番台は、「ワインの歴史（世界全体）」です。さらに、二一〇番台は「日本産地」で、二一一番は「勝沼町」、二一二番は「山梨県（勝沼町以外）」、二一三番は「その他都道府県」です。しかし、勝沼ワインのライバルで、やはりワインの名産地の道県は番号がさらにつけられています。二一三・一番（北海道）、二一三・四番（新潟）、二一三・五番（長野）……といった具合です。

ワイン業界で働く人であれば、「勝沼ワイン」だけでなく、ライバルの産地がどうなっているのかそうした情報もほしいでしょう。勝沼図書館の資料と分類はそれに応える形で構築されています。

これがもし、従来のNDCだけでこれらの資料を分類しようとすると、かなり大雑把な棚になるでしょう。「食品工業」は五八八番台で、その中でも「ワイン」は五八八・五五番という番号でまとめられています。これでは、勝沼図書館をわざわざ訪れる人のニーズに応えることは難しいです。

欲しい情報を深く潜って探すには、こうした方法もあるということを頭の片隅に覚えていてもらえると、自分が他のジャンルで何か情報を探そうとしたとき、大きな手がかりになると思います。

それでも、やっぱり本が見つからない場合、そもそもどの本が自分の疑問に答えてくれるのかわからない場合。頼りになるのは、本のプロである図書館の司書たちです。どんな図書館にも職員のいるカウンターがあります。ある程度の規模がある図書館だと、返却・貸出カウンターとは別に「レファレンスカウンター」とか、もっとシンプルに「?」のマークを掲げたカウンターが設置されていると思います。

こうしたカウンターでは、レファレンスという資料相談のサービスが行われています。「こういうことを調べたいのだけれど、詳しいことが書かれている本が見つからない」といった相談をレファレンスカウンターでしてみると、あなたの代わりに司書が該当する本をきっと探してきてくれます。

最近だと、図書館によっては、メールやサイトから相談を受け付けてくれるところもあり、とても便利です。自分が住んでいる町の図書館でなくても、「その地域の歴史や文化について知りたい」といった相談であれば受けてくれる他県や他の市町村の図書館もありますので、確認してみてください。

ここでよくある誤解が、レファレンスサービスはクイズや宿題の正解を教えてくれるものではないということです。正解に近づくためのお手伝いをしてくれる、というイメージで考えておいてください。「こんな相談してもいいのかな?」と迷うかもしれませんが、一人で悩むよりぜひ使って欲しいサービスです。

なお、簡単な相談であれば、小さな市町村レベルの図書館でも対応してもらえますが、より専門的で難易度の高い相談は、都道府県レベルの図書館の方が得意です。自分がどのようなことを知りたいのか、その内容によって図書館を使い分けてみるのもいいと思います。

レファレンスサービスのイメージがわかなければ、国立国会図書館が全国の図書館と協力しながら構築している「レファレンス協同データベース」(http://crd.ndl.go.jp/)というサイトをのぞいてみてください。そこには、全国の図書館に寄せられたレファレンス事例が集められています。

たとえば、「森鷗外が、日露戦争に従軍する際に乗船した八幡丸という船について知りたい。写真や絵などもあれば見たい」(北九州市立中央図書館)といった歴史的な相談、「タイトルはわからないが、絵本を探している。主人公はサンタクロースで、サンタクロースは奥さんからお弁当をもらって出かけて行ったが、途中で食べて眠くなってしまう、というあらすじ」(千葉県立中央図書館)という本の捜索願い、「トイレに神様はいますか?」(京都府立高等学校図書館協議会司書部会)などの素朴な疑問。あらゆる相談が図書館に寄せられていることがわかります。

図書館にあるのは本の情報だけではない

図書館をおすすめする理由は他にもあります。

ネット上にはさまざまなデータベースがあります。私がよく仕事で使っているのは、新聞社が運営するデータベースです。過去の記事が収められており、ある事件の経緯が書かれた記事や別の角度から報道された記事などを探すのに利用します。

こうした情報が検索や利用のしやすいよう集められているのがデータベースですが、新聞記事以外にもさまざまなものがあります。百科事典のデータベース、法令や判例のデータベース、官報情報が検索できるデータベース、農業に関するデーターベースなど、多くは専門分野ごとに構築されています。

ただし、こうしたデータベースには専門的な知識が多かったり、運営にコストがかかったりすることから、一般の人が利用しようとすると有料です。そこで、使ってみてほしいのが、図書館なのです。

最近ではオンラインで利用できるデータベースも多く、それなりの規模がある図書館でしたら、複数のデータベースを契約してあり、無料で利用者に提供しています。何か調べたいと思ったら、こうしたデータベースに図書館の端末からアクセスしてみるのも、確度の高い情報を得られる手段としてとても便利です。

たとえば、利用者のビジネスを支援する図書館として全国的に知られている鳥取県立図書館では、「法情報総合データベースD1-Law.com」(第一法規)や、市場情報、経営情報、機械情報産業の専門図書を閲覧できる「BIコモンズ電子ライブラリ」(BICライブラリ)、人口・世帯データや消費支出・購買力データ、富裕層データなどを用いて指定した地域の商圏力を分析できる「MieNaレポート」(日本統計センター)など、ビジネスには欠かせないデータベースの利用ができるようになっています。

また、図書館自身が所蔵する資料をデジタル化して保存するデジタルアーカイブも近年、増えています。有名なものとしては、言うまでもなく日本最大の図書館である国立国会図書館で、サイトにアクセスすると、「国立国会図書館デジタルコレクション」があります。このサービスは、国立国会図書館が持っている資料の中から、デジタル化された約三五〇万点以上にオンライン上でアクセスできるというものです。

その内容は、図書(一九六八年までに国立国会図書館が受け入れた戦前期・戦後期に出版された図書、議会資料、法令資料、児童書、震災・災害関連資料など）や古典籍資料（江戸時代以前の和古書や清代以前の漢籍など）、博士論文、官報、憲政資料、電子書籍など、多種多様な資料が含まれています。デジタル化された資料でネットで公開されていないものでも、公共図書館や大学図書館から閲覧できるサービスもあります。

また、利活用も進められています。大阪市立図書館では二〇年前から貴重な地域資料のデジタル化を手がけ、デジタルアーカイブとして公開しています。さらなる取り組みとして、著作権の切れた昔の大阪の写真や絵はがきなど約一三万枚を二〇一七年三月から、オープンデータとして提供を始めました。加工や商用利用も可能で、地域におけるビジネスの活性化などに使われているそうです。たとえば、大阪の食品会社が発売しているレトルトカレーのパッケージに大阪港の古写真が掲載されていたり、落語の宣伝のチラシの背景に安居神社を描いた浮世絵が利用されています。

このように、図書館には本以外の情報もたくさん集まっていますし、情報のゲートウエイとしての機能もあることを知っておいてください。

図書館はなぜ必要なのか考えてみる

情報があふれている場所はインターネット上にありますが、質も量も揃った情報が集まっているのが図書館だとご紹介してきました。しかも、無料で誰もが使える機関です。一体、なぜなのでしょうか。イタリアで図書館長などを歴任したアントネッラ・アンニョリさんは「拝啓 市長さま、こんな図書館をつくりましょう」（みすず書房）という本の中でこんな問いかけをしています。

「iPadやスマートフォンは、将来的にはすべての人のポケットに入り込み、いつでもGoogle Mapに自動接続し、サハラ砂漠の真ん中にいても現在地を教えてくれるだろう」「Wikipediaもある。Googleは北アイルランドの未成年に自家製ビールの製造方法を教え、ナポリの若者にはドイツの大学で受講可能な科目や教授や時間割を教えるだろう」「このようにソーシャルテクノロジーが発達した環境のなかで、図書館はいったい何の役に立つのだろうか？」

アンニョリさんはこう続けます。インターネットが「グローバル図書館」と喩えられることについて、「見当違いだろう」と。なぜなら、「『確実さ』と『所蔵資料の安定性』を欠いたインターネットは、決して図書館にはなり得ない」と断言しています。

アンニョリさんが指摘する「確実さ」と「安定性」の欠落は、これまでお話ししてきたことと通じるものがあります。私たちが確かな情報を継続的に得ることで、自由にものを考えることが可能となり、その考えに基づいて行動する。それが、私たちが目指そうとする社会への一歩ではないでしょうか。

情報は本来、無料ではありません。価値のある情報ほど、身もふたもない言い方をすればお金がかかります。本が有料である理由を考えればわかります。プロの作家や専門家、ジャーナリスト、クリエーターたちが、自らの経験や知識をコンパクトに編集したものが本でした。その情報はかけがえのないものであり、価値が高いものでした。

しかし、富める人だけが質の高い情報を享受するような社会はどうなってしまうでしょうか。その次の世代も、さらにその次の世代にも、格差は連鎖していきます。子どもの貧困は、学力格差につながると、多くの専門家が指摘するところです。生まれた家にお金があるかないかで、自分の人生も決められてしまうような社会は不幸と言わざるを得ません。

そうしたことがないよう、無料で誰もが使える社会教育機関としての図書館への期待が今、高まっています。知のインフラは、民主主義社会のインフラでもあるのです。

おわりに　茫漠《ぼうばく》とした情報の海に溺れないために

あなたは今日、どこから情報を得ましたか？

「複雑化なんて表現では生ぬるい。情報とメディアは液状化を起こしているといっても、言い過ぎではないと思います。だからこそ、信頼性の高い情報を得ることが今後、ますます大事になってくるでしょう」

第一章でこう書きました。あなたは今日、どこから情報を得たでしょうか？

Twitter や Facebook、Instagram などのＳＮＳで、友人や知人からシェアされた情報でしょうか。それとも、スマートフォンでニュースアプリを立ち上げて見たニュースでしょうか。会社や学校のＰＣからアクセスしたニュースサイトやポータルサイトでしょうか。あるいは、メディアから配信されてくるメルマガかもしれません。

私たちに届くまでの経路も複雑ですが、ニュースの生い立ちも実は複雑になっています。私が以前、働いていたアメリカ発のニュースサイト「ハフポスト日本版」では、簡単に分類すると、五種類の情報が掲載されています。

まず一つ目は、ハフポスト日本版編集部のエディターが取材して書いた記事。これは重要だったり、話題になっていたりするニュースをストレートに伝えるもので、わかりやすいと思います。

二つ目は、アグリゲーションされた記事。アグリゲーション（集合）、つまり、主にネット上にある複数の情報源から得た情報を一つの記事に編集しなおすもので、「まとめ記事」「キュレーション記事」などとも呼ばれます。たとえば、二〇一八年七月に掲載された「タイ洞窟、ついに一三人全員を救出」という記事では、共同通信とCBSニュースという二つのメディアによるニュースからの情報を、「共同通信が報じた」「CBSニュースによると」などと、どこから得ているか情報源を明らかにした上で、一つの記事としてまとめています。

このアグリゲーション記事には、賛否両論あります。確かに、一つのメディアの記事では情報が十分ではないという場合、複数のメディアにまたがって記事を編集できたら、より情報としての完成度は上がります。一方、一つ一つの記事は、それぞれのメディアが手間暇かけて、もっと言えば、記者の人件費をかけて、作成したものです。無料でいいとこどりをする「フリーライド」(タダ乗り)ではないのか、という批判もあります。

それから三つ目は、朝日新聞からの転載記事です。ハフポスト日本版は朝日新聞社とアメリカのハフポスト本社が共同で創設したニュースサイトで関係が深いです。注意深く見ると、朝日新聞の記事がロゴ入りで載っていることに気づくでしょう。

四つ目は、ブログ記事です。有名人や専門家、何か人に伝えたいことがある人……。あらゆるタイプの書き手がブロガーとして、ハフポストにブログを開設しています。アメリカのハフポストでは、オバマ前大統領のブログまでありました。

五つ目は、記事広告です。わかりづらいのですが、普通の広告ではなく、ハフポストが「Partner Studio」という別の部署で、他の記事と同じスタイルで作成した広告になります。

ハフポストの説明によると、「Partner Studioが制作する記事広告は、いわゆる「ネイティブアド」と呼ばれる手法をとっており、ニュースなどの編集記事と変わらないフォーマットで、読者から受け入れやすいコンテンツを目指しています。当然ながら、記事広告であることを読者に示すため、記事上には広告主名を明記することをルールとしています」とあります。

ネイティブアドとは、メディアのコンテンツとしてユーザーに提供する広告で、比較的新しいスタイルの広告になります。

だいたい、この五種類が一つの「ハフポスト」というメディアに並列で掲載されています。さらに、これら多様な記事には、Twitterのツイートや Youtubeの動画、Instagramの写真など他のサイトに埋め込むことができるSNSの情報も文中に組み込まれています。

どうでしょう？　少し、頭がこんがらがってきませんか？

少し前のように「○○新聞の記事は、○○新聞の記者が書いていて、○○新聞でしか読めない」という情報の流れは、ネットの世界ではもっと大きく複雑なうねりに飲み込まれているのです。今や、「○○新聞の記事」は○○新聞のサイトでも、Yahoo!ニュースでも、スマートフォンのニュースアプリでも、Twitterでも、Facebookでも、あらゆる場所を経由して私たちのもとへと流れ着きます。これが、私が「液状化」と呼んだ所以《ゆえん》です。

では、その茫漠とした情報の海に溺れることなく、自分に必要かつ正しい情報を選ぶには、どうしたらよいのでしょうか？

再度、言いますが、一番簡単なのは、その情報がどこからきたのか、見極めることです。公的機関やNHK、新聞社などの情報は、一〇〇％間違いがないとは残念ながら断言できませんが、ある程度の確度を持っています。災害時など、特にデマが飛び交いやすい時こそ、情報の源流をたどってみる必要があります。

それから、ついネットばかり見ていると忘れがちですが、私たちの世界の情報は、ネットで流通しているよりもまだ紙媒体に載っているものの方が、いまだ質も量も圧倒的です。何十年か経てば、あるいは逆転するのかもしれませんが、今のところ、紙媒体の方が優勢です。

私は紙媒体もネットも大好きで、二足のわらじを履いてきました。一九九七年、新聞社に就職すると同時に、支給されたＰＣでネットを使うようになりました。当初は情報も少なく、まだＳＮＳもなく、スマホもない時代でした。インターネットを一般に普及させたWindows95が日本で発売されたのは、一九九五年。今でも、メディアや人々の熱狂ぶりをよく覚えています。それから二〇〇四年、アメリカで盛り上がっていたＳＮＳのサービスが日本でも始まりました。

ここから、情報の流れが変わってきました。一方的にマスメディアからニュースを受け取るだけだったのに、私たち自身が情報発信したり、相互にやりとりしたり、できるようになったのです。

当時、私はネットが私たちの未来を明るい方へ導いてくれるのではないかと期待していました。たとえば、ネットで投票が行われ、立候補者の名前を連呼する選挙カーが町を走る選挙戦はもう終わりになるとか、または、性別や年齢、学歴、収入、社会的地位に関係なく、上下関係のないフラットな場で建設的な意見を交わし合い、私たちの持つ課題を解決できるようになるとか。

ところが現在、いまだネットで投票も行われず、建設的な意見交換どころか、ヘイトスピーチやフェイクニュースがあふれています。仕事柄、毎日ネットに浸かっていますが、たまに徒労感に襲われ、情けないような泣きたくなるような気持ちになります。

Windows95の発売から約二〇年の二〇一八年六月、追い打ちをかけるような事件がありました。

有名ブロガーだった「Hagex」こと、岡本顕一郎《けんいちろう》さんが、同じネットサービスを使っていた別のユーザーから逆恨みされ、イベントで講師を務めた直後に刺殺されました。亡くなったHagexさんは直接の友人ではありませんでしたが、ネットを通じて知り合った共通の友人・知人がたくさんいます。彼のブログも読んでいましたし、勝手ながら親しみすら抱いていただけに、ニュースを知った時は仕事が手につかなくなるほど呆然《ぼうぜん》としました。

これまでに報道されている犯行の動機は、あるサイトで複数ユーザーに対する迷惑行為を通報された容疑者が、アカウントを停止され、そのことをブログに書いたHagexさんを恨んでいたとされています。簡単にいえば、ネット上のトラブルで片付いてしまうものかもしれません。

しかし、報道で次々と流れてくる容疑者の情報をみると、確かにきっかけはアカウント停止やHagexさんのブログだったようですが、実行に至るまで、蓄積された何かがあったのではと思えてなりません。まったくの推測の域ですが、それは容疑者をとりまく環境や属する社会に起因するもので、たまたま視界に入り、手の届く場所にいたHagexさんが犠牲になってしまったのではないかと。そんなふうに思えるのです。

この事件であらためて痛感したのは、ネットはリアルの世界の表裏であり、つながっているものだということでした。ネットはコミュニケーションツールであり、情報インフラであり、人々の居場所でもあります。そこでどのような情報をやりとりして、また使うか。私たちが主体的に考え、行動する必要があります。情報の海に溺れ、自分を見失わないようにしなければなりません。

その際、今まで細々とお伝えしてきたお話が、前に進む灯火《ともしび》になるよう、祈っています。少しでも、明るい未来へ。

ちくまプリマー新書320

その情報《じょうほう》はどこから？　ネット時代《じだい》の情報選別力《じょうほうせんべつりょく》

二〇一九年二月十日　初版第一刷発行
二〇二三年二月十五日　初版第三刷発行

著者　猪谷千香（いがや・ちか）

装幀　クラフト・エヴィング商會

発行者　喜入冬子

発行所　株式会社筑摩書房
東京都台東区蔵前二-五-三　〒一一一-八七五五
電話番号　〇三-五六八七-二六〇一（代表）

印刷・製本　中央精版印刷株式会社

ISBN978-4-480-68346-5 C0200 Printed in Japan